Der römische Feldherr Scipio und der Karthager
Hannibal treffen sich 202 v. Chr. vor einer Schlacht
im Rahmen des Zweiten Punischen Krieges
(nachkolorierter Stahlstich, 1842).

Holger Sonnabend

ATLAS DER ANTIKE

2500 JAHRE IMPERIEN UND KULTUREN IN WORT UND BILD

PALM VERLAG

Kultur und Wissenschaften............92

Krise und Untergang...................122

Kampf zwischen Griechen und persischen Reitersoldaten (rotfigurige Darstellung auf einer griechischen Vase, 5. Jahrhundert v. Chr.)

Vorwort

Die Antike als jene faszinierende, spannende und bedeutende Epoche der Geschichte darzustellen, die sie, entgegen manchen modernen (Vor-)Urteilen tatsächlich war, ist das Anliegen dieses Bandes. Der Name „Atlas" ist dabei bewusst weit gefasst. Neben vielen Karten präsentiert das Buch eine Fülle von Bildmaterial, das den Text nicht nur illustriert, sondern elementarer Bestandteil der Beschreibungen und Schilderungen ist. Zusammen mit den Infokästen, in denen auf knappem Raum wichtige zusätzliche Informationen geliefert werden, verleihen sie dem „Atlas der Antike" ein hohes Maß an Anschaulichkeit und Verständlichkeit.

Der zeitliche Bogen reicht von der ersten europäischen Hochkultur auf Kreta bis zum Ende des Weströmischen Reiches. Dadurch wird ein Spektrum von gut 2500 Jahren antiker Geschichte erfasst. In einer Kombination aus Chronologie und Systematik werden die wichtigsten Ereignisse und Entwicklungen kompakt nachgezeichnet.

Dabei steht nicht allein die große Politik mit all den prominenten Persönlichkeiten, den mächtigen Staaten und Imperien im Mittelpunkt des Interesses. Ebenso finden auch die gesellschaftlichen und wirtschaftlichen Verhältnisse in angemessener Weise Berücksichtigung.

Gewürdigt werden außerdem die vielfältigen kulturellen Anstöße, die von der antiken Welt ausgingen. Gerade auf den Gebieten von Philosophie, Technik, Wissenschaften und Religion gab es Impulse, die für die weitere Geschichte bis in die Gegenwart hinein von überragender Bedeutung gewesen sind.

Der „Atlas der Antike" bietet somit ein modern gestaltetes Kompendium, das geeignet ist, einer zeitlich zwar fernen, sachlich und inhaltlich in vielerlei Hinsicht jedoch auch aktuellen Vergangenheit den ihr gebührenden Platz zu sichern.

Prof. Dr. Holger Sonnabend

Schauplatz Mittelmeer

Die Seeherrschaft der Minoer

Der Trojanische Krieg

Das Handelsimperium der Phönizier

Die Große Griechische Kolonisation

Die Etrusker

Das Mittelmeer war der wichtigste Handelsraum in der Antike und wurde von verschiedenen Völkern durchkreuzt. Hier läuft eine minoische Flotte in den Hafen ein (minoisches Fresko, 13. Jahrhundert v. Chr.).

Die Seeherrschaft der Minoer

„Minos war der Erste, von dem wir Kunde haben, dass er eine Flotte baute, das heute hellenische Meer weithin beherrschte und die Kykladen eroberte."

Mit diesen Worten beschrieb der griechische Historiker Thukydides im 5. Jahrhundert v. Chr. die Bedeutung der Minoer, mit deren Namen heute die erste europäische Hochkultur bezeichnet wird. Der Siegeszug dieser Kultur begann mit ihrer Entwicklung am Ende des 3. Jahrtausends v. Chr. und erreichte seinen Höhepunkt vor der Mitte des 2. Jahrtausends v. Chr.

Beheimatet waren die Minoer auf der Insel Kreta. Hier herrschte – nach einer allerdings sehr viel späteren Überlieferung – König Minos. Der Mythologie zufolge war seine Residenz der Palast von Knossos. Seine beiden Brüder Sarpedon und Rhadamanthys regierten von ihren Fürstensitzen in Malia und Phaistos aus. Heute am bekanntesten ist die Geschichte vom Minotauros, der im Labyrinth im Palast von Knossos gehaust haben soll. Dieses Ungeheuer, halb Mensch, halb Stier, wurde vom athenischen Helden Theseus getötet, dem Ariadne, die Tochter des Minos, dabei geholfen hatte.

Die Quellen berichten weiter, dass Minos als oberster Herrscher dafür sorgte, dass kretische Schiffe überall im Mittelmeer unterwegs waren, den Handel kontrollierten und der Insel wahre Reichtümer bescherten. Viele antike Informanten sprechen von einer *Thalassokratie*, einer Seeherrschaft, in deren Rahmen die Kreter auch politische und militärische Herrschaft über die Ägäis ausgeübt haben sollen. Außerdem soll Minos ein bedeutender Gesetzgeber gewesen sein. Ums Leben kam der König den Geschichten zufolge auf Sizilien, wo ihn der dortige König Kokalos in einen Hinterhalt lockte und ihm in einem Schwitzbad einen tragischen Erstickungstod bescherte.

Nach diesem König Minos wird die kretische Hochkultur des 2. Jahrtausends v. Chr. als die „minoische" Kultur bezeichnet. Der Name etablierte sich durch die Ausgrabungen, die der britische Archäologe Arthur Evans von 1900 an in Knossos durchführte. An dessen fantasievollen Rekonstruktionen der von ihm ausgegrabenen Ruinen scheiden sich bis heute die Geister. Jedoch hat es König Minos als reale Persönlichkeit ebenso wenig gegeben wie seine Brüder, Ariadne, Theseus oder den Minotauros. Historisch handelt es sich dabei um einen Versuch der späteren Griechen, einer unscharfen Erinnerung an eine große Zeit Namen und Profil zu verleihen.

Kreta zur minoischen Zeit

▲ Minoische Anlage
▲ Antiker Ort oder Heiligtum
⛰ Grottenheiligtum
LATO Antiker Ortsname
● Heutiger Ort
━━ Wichtige Straße

Tatsächlich ist über die politische Organisation auf Kreta in dieser Blütezeit wenig bekannt. Vier große Palastanlagen – neben Knossos, Phaistos und Malia das an der Ostküste gelegene Kato Zakros – sprechen für eine Form von dezentraler Herrschaft. Sie weisen allesamt einen großen, rechteckigen Zentralhof auf, um den sich die öffentlichen und privaten Gebäude gruppiert haben müssen. Die architektonische Gleichartigkeit der Paläste wie auch die Identität der materiellen Kultur, des Kunsthandwerks und der Religion deuten auf eine einheitliche Zivilisation hin. Knossos hatte innerhalb der politischen Hierarchie wahrscheinlich eine führende Position, wie sich allein schon aus den räumlichen Dimensionen der Palastanlage ergibt. Insofern dürfte es sich bei dem in Knossos ansässigen Herrscher um einen Fürsten gehandelt haben, der die Oberhoheit über die gesamte Insel innehatte. In seiner Funktion verkörperte er in Personalunion sowohl die staatliche als auch die sakrale Macht. Aus heutiger Sicht ist er mit den antiken Priesterkönigen vergleichbar.

Umgeben waren alle Residenzen von einer großflächigen Wohnsiedlung. So gab es in Knossos eine Stadt mit etwa 40 000 Einwohnern. Die Paläste hatten nicht nur eine politisch-repräsentative Funktion, sondern dienten auch als Mittelpunkt von Handel und Wirtschaft. Die Bauern lieferten Öl und Getreide, das im Palast in Magazinen gehortet wurde. Im Gegensatz zu vergleichbaren Herrschersitzen im Orient oder später im mykenischen Griechenland waren die Paläste nicht befestigt. Bei den Ausgrabungen kamen nirgendwo Stadtmauern oder andere Fortifikationen zum Vorschein. Man fühlte sich auf Kreta anscheinend sehr sicher, weil man weder innere Unruhen noch äußere Gegner zu fürchten hatte.

Die Entführung der Europa

Namenspatronin des Kontinents Europa war eine gleichnamige Königstochter aus Phönizien. In Gestalt eines Stieres entführte der Göttervater Zeus die arglos am Strand von Tyros spielende Tochter des Königs Agenor über das Meer nach Kreta. In Gortyn wurde unter einer später zu einem heiligen Ort erklärten Platane Hochzeit gefeiert. Aus der Verbindung von Zeus und Europa gingen die drei Söhne Minos, Rhadamanthys und Sarpedon hervor. Hinter dem Mythos steckt ein geschichtlicher Kern: Die erste europäische Hochkultur auf Kreta bezog ihre zivilisatorischen Impulse aus dem Vorderen Orient. Und der Stierkult, ein Import aus dem anatolischen Raum, spielte bei den Minoern eine herausragende Rolle. Auch Zeus hatte eine enge Verbindung zu Kreta: Die Insel galt als Geburtsstätte des Oberhaupts der olympischen Götter.

Europa auf dem Stier (schwarzfigurige Darstellung auf einer griechischen Vase, um 510 v. Chr.)

Als wichtiges Element einer Hochkultur verfügten die Kreter seit dem beginnenden 2. Jahrtausend v. Chr. über eine eigene, von ihnen selbst entwickelte Schrift. Diese Linearschrift A, wie man sie in der Wissenschaft nennt, verfügte über ein Inventar aus 80 Zeichen. Verwendet wurde die auf Tontafeln, Siegeln und Inschriften erhaltene Schrift ausschließlich zu praktischen Zwecken wie der Inventarisierung von Waren. Doch ist es bis heute nicht gelungen, sie zu entziffern.

Die Domäne der Kreter war das Meer. Bis in die zweite Hälfte des 2. Jahrtausends v. Chr. hinein kreuzten ihre Schiffe zuerst im östlichen und später auch im westlichen Mittelmeer. Sie transportierten wertvolle Waren aus dem Orient und belieferten ihrerseits die Mittelmeerwelt mit

Säulenvestibül mit Stierreliefs
(minoischer Palast auf Knossos,
1375 v. Chr. zerstört)

Ein Beispiel dafür ist die Stadt Akrotiri auf Santorin. Sie entstand im 16. Jahrhundert v. Chr. als Teil der Kykladen-Kultur. In dem Maße, wie die Bewohner Akrotiris mit Kreta in Kontakt kamen, stiegen ihre Bereitschaft und sogar der Wunsch, so zu leben, zu wohnen und zu tafeln, wie es die Kreter taten. Auf diese Weise entstand ganz ohne Waffengewalt ein wirtschaftliches und kulturelles Imperium der Kreter im gesamten östlichen Mittelmeerraum.

Etwa 700 Jahre lang konnte sich das minoische Kreta als friedliche, finanzstarke Vormacht behaupten. Dabei profitierte die Insel auch von ihrer geografischen Lage. Von den Brennpunkten der politischen und kriegerischen Spannungen in Anatolien, im Vorderen Orient und in Ägypten lag man zu weit entfernt, um in Turbulenzen einbezogen zu werden. Auch auf der Insel selbst hatten die Herrschenden das Geschehen im Griff. Wenn es gravierende soziale Gegensätze in der Bevölkerung gegeben hat, so schlugen sich diese nicht in Aufständen nieder. Zwar wurden die Paläste im Lauf der Zeit mehrfach zerstört, so am Ende der „Älteren Palastzeit" um 1800 v. Chr. Doch es handelte sich dabei nicht um kriegerische Einwirkungen, sondern um die Folgen von Erdbeben, die auf Kreta immer wieder zu schweren Schäden führten. Und die Paläste wurden auch gleich wieder aufgebaut.

So lebten die alten Kreter im fast paradiesischen Zustand einer offenbar dauerhaft glücklichen Gesellschaft. Sie vertrauten ihren Göttern, denen sie Tempel bauten und Opfer darbrachten. Eine besondere Rolle spielte der aus dem Orient importierte Stierkult. Den Eindruck einer heiteren Lebenswelt vermitteln auch die prächtigen Fresken, die in den Palästen und in den Villen der Reichen entdeckt wurden. Frauen scheinen gesellschaftlich privilegierter gewesen zu sein, als dies in den meisten antiken Zivilisationen der Fall gewesen ist. Zwar wäre es übertrie-

ihren eigenen Produkten. Dabei wurden auf vielen Inseln, wie auf Zypern und den Kykladen, Handelsstützpunkte angelegt. Zu den bevorzugten Geschäftspartnern der kretischen Kaufleute gehörte das pharaonische Ägypten. Grabfunde beweisen, wie intensiv der wirtschaftliche Austausch zwischen Kreta und dem Land am Nil gewesen ist.

Die Strahlkraft der minoischen Kultur war so groß, dass sie von anderen Völkern bereitwillig übernommen wurde.

ben, von einem Matriarchat zu sprechen. Aber zumindest die Frauen aus der Oberschicht genossen eine Reihe von vergleichsweise weit gehenden Rechten. Dazu gehörte auch der Besuch des Theaters, in der Antike sonst eine Domäne der Männer. Hintergrund war die kultische Dominanz von Göttinnen, die nach dem Glauben der Kreter für Fruchtbarkeit und Vegetation zuständig waren. Daraus ergab sich ein allgemein größerer Respekt vor Frauen.

Am Schluss der Geschichte des minoischen Kretas steht ein abrupter Zusammenbruch, der so gar nicht zu der Harmonie passen will, von der die minoische Kultur über Jahrhunderte hinweg geprägt worden war. Das Ende der Minoer fällt mit dem Ende der „Jüngeren Palastzeit" zusammen. Diese hatte um 1800 v. Chr. begonnen, das Finale kam etwa 400 Jahre später. Diesmal ereilte die Insel eine Katastrophe, von der sie sich nicht mehr erholte. Bis heute ist nicht sicher, wie es dazu kommen konnte, dass mit einem Schlag sämtliche Paläste, dazu Siedlungen,

Wohnhäuser und Tempel zerstört wurden. Die lange Zeit populäre Theorie, für das Ende der minoischen Kultur sei ein verheerender Vulkanausbruch auf Santorin verantwortlich gewesen, kann heute als widerlegt gelten. Tatsächlich kam es zu einem gigantischen Ausbruch auf Santorin, mit dem Ergebnis, dass die blühende Stadt Akrotiri zerstört und die Insel praktisch in die Luft gesprengt wurde. Jedoch fand diese Naturkatastrophe in der zweiten Hälfte des 17. Jahrhunderts v. Chr. statt, also gut 200 Jahre vor der Zerstörung der kretischen Paläste. Vermutlich wurde Kreta kurz vor 1400 v. Chr. von einer Serie schwerer Erdbeben heimgesucht. Diese schwächten Herrschaft und Infrastruktur in erheblichem Maße. So konnten mykenische Griechen vom Festland die Minoer ablösen und die Macht übernehmen. Sie sorgten für ein Nachleben der Kultur für die nächsten 200 Jahre, bevor eine weitere Katastrophe, sei es militärischer, sei es erneut seismischer Art, auch die Nachfolger der Minoer vertrieb.

Der Mythos Atlantis

Bis in die Gegenwart hinein erhitzt das Geheimnis von Atlantis die Gemüter. Der griechische Philosoph Platon erzählte in der Mitte des 4. Jahrhunderts v. Chr. in den beiden Schriften „Timaios" und „Kritias" von einem großen Kontinent, dessen Könige über ein mächtiges Reich herrschten. Aufgrund einer verheerenden Naturkatastrophe sei die Insel im Meer versunken. Geschehen sei dies um 9600 v. Chr. Viele Forscher machten sich seitdem am Schreibtisch oder per Schiff auf die Suche nach Atlantis. Die verschiedensten Schauplätze (Troja, Santorin, Spanien, Amerika) wurden bereits mit dem verschwundenen Atlantis in Verbindung gebracht. Laut Platon lag die Insel „außerhalb der Säulen des Herakles", also jenseits der Straße von Gibraltar im Atlantik. Nach antiken Kategorien sollte damit zum Ausdruck gebracht werden, dass dieser Ort in der Realität nicht existierte. Es handelte sich um ein Gleichnis, das den Aufstieg und den Fall von großen Imperien illustrieren sollte. Jede konkrete Fahndung nach Atlantis kann also getrost eingestellt werden.

Die Suche nach Atlantis beschäftigte die Menschen über Jahrhunderte hinweg: hier eine Darstellung der versunkenen Insel nach der Beschreibung Platons und Auffassung der Ägypter (nachkolorierte Kupferstichillustration von Athanasius Kircher, 1664).

Der Trojanische Krieg

Zu den bekanntesten Geschichten aus der Antike gehört die Erzählung vom Trojanischen Krieg. Sie handelt von der Belagerung der Stadt Troja, auch Ilion genannt, durch eine griechische Militärallianz, die nach zehn Jahren mit der Zerstörung Trojas endete.

Der Trojanische Krieg war auch für die antiken Griechen bereits eine feste Größe. Immer wieder war das Geschehen Gegenstand literarischer Darstellungen. Die früheste Version stammt von dem biografisch nur schwer zu erfassenden, von manchen Forschern sogar als nicht existierende Persönlichkeit betrachteten Homer. Unter diesem Namen sind mit der „Ilias" und der „Odyssee" gegen Ende des 8. Jahrhunderts v. Chr. die frühesten Epen der europäischen Literatur überliefert. Die „Ilias" behandelt die letzte Phase des Trojanischen Krieges. In der „Odyssee" sind die Irrfahrten des griechischen Trojakämpfers Odysseus dargestellt.

Troja wird in diesen Quellen als eine Stadt an der Nordwestküste Kleinasiens beschrieben. Als Grund für den Krieg zwischen Trojanern und Griechen wird eine eher private Angelegenheit angegeben, der Streitigkeiten unter den Göttern vorausgegangen waren. Denn selbstverständlich waren die frühen Griechen davon überzeugt, dass alles irdische Geschehen von der auf dem Olymp beheimateten, von Zeus geführten Götterfamilie gelenkt wurde. Paris, der Sohn des trojanischen Königs Priamos, kürte bei einem internen Schönheitswettbewerb dreier Göttinnen Aphrodite zur Siegerin. Die Göttin der Schönheit revanchierte sich, indem sie Paris half, die schöne Helena, die Gattin des spartanischen Königs Menelaos, nach Troja zu entführen. Daraufhin zog die Elite des griechischen Adels, angeführt von Agamemnon, dem König von Mykene und Bruder des Menelaos, über das Meer nach Troja. Prominente Kämpfer wie Achilles, Aias und Odysseus auf griechischer sowie Hektor und Äneas auf trojanischer Seite prägten in den folgenden Jahren das kriegerische Geschehen, bevor die griechischen Krieger mithilfe der von Odysseus ersonnenen List mit dem „Trojanischen Pferd" die Stadt stürmten und zerstörten.

Die Irrfahrten des Odysseus

Odysseus, der König von Ithaka, war einer der griechischen Troja-Helden. Nach dem Fall Trojas kehren alle Kämpfer heim, nur Odysseus muss während einer zehnjährigen Irrfahrt auf dem Meer viele Abenteuer bestehen, bevor er wieder in der Heimat landet. In der Homer zugeschriebenen Odyssee werden die einzelnen Stationen seiner Reise nachgezeichnet: so der unfreiwillige Besuch auf der Insel des Zyklopen Polyphem, die Begegnung mit der Zauberin Kirke oder die Fahrt vorbei an den Sirenen, deren betörendem, jedoch auch tödlichen Gesang sich der Held Odysseus stellt, indem er sich an den Mast des Schiffes binden lässt. Letztlich besteht er alle Herausforderungen mit Bravour und kehrt gerade rechtzeitig heim, um sich blutig an den Scharen der lästigen Freier, die um seine treue Ehefrau Penelope werben, zu rächen. Gegeben hat es einen Odysseus ebenso wenig wie das übrige Personal, das die Griechen in den Epen und Mythen rings um Troja agieren ließen. So ist es auch müßig, die vermeintliche Route des Odysseus im Mittelmeer (und gelegentlich auch darüber hinaus) rekonstruieren zu wollen, wie viele moderne Abenteurer und Forscher es getan haben. Doch reine Fiktion sind die Erzählungen der „Odyssee" wiederum auch nicht. Sie reflektieren in fantasievoller Weise die vielfältigen Erfahrungen, die griechische Kapitäne zu Beginn der „Großen Kolonisation" im 8. Jahrhundert v. Chr. auf der Suche nach neuen Gestaden im Mittelmeerraum machten. So steht beispielsweise hinter der Geschichte der wasserspeienden und wasserschlürfenden Ungeheuer Skylla und Charybdis das Phänomen der im Mittelmeer ansonsten seltenen Gezeiten in der Straße von Messina zwischen Italien und Sizilien.

Aoos

Olymp

Peneios

Ägäisches Meer

● Iolkos

Skiathos

Skopelos

Spercheios

Skyros

Leukas

Krisa ●

Gla ●

Orchomenos ●

Euboia

Ithaka

Thebai ●

Kephallenia

Athenai ●

Peloponnes

Salamis

Zakynthos

Mykenai ●

Aigina

Mideia/Dendra ●

Keos

Alpheios

Tiryns ●

*I o n i s c h e s
M e e r*

Kythnos

Seriphos

Pylos ●

Menelaion ●

Kimolos

Der Siedlungsbereich der Mykener

Kythera

● Wichtige Städte

● Mykenische Zentren und Siedlungen im 13. Jahrhundert v. Chr.

Melos

Im 19. Jahrhundert identifizierte Heinrich Schliemann eine bedeutende archäologische Fundstelle in der Nähe des türkischen Ortes Hissarlik als das von Homer beschriebene Troja. Zerstörungshorizonte brachte er direkt mit dem Trojanischen Krieg in Verbindung. Spätere Ausgrabungen kamen zu präziseren Ergebnissen. Sie stellten einen Zusammenhang zwischen dem Trojanischen Krieg und Brandspuren her, die auf die erste Hälfte des 12. Jahrhunderts v. Chr. datiert werden konnten. Tatsächlich aber hat dieser Krieg überhaupt nicht stattgefunden – jedenfalls nicht in der Weise, wie er bei Homer und anderen antiken Schriftstellern beschrieben worden ist.

Troja hatte eine lange Geschichte. Sie begann bereits um 3000 v. Chr. Die Bevölkerung bestand nicht aus

Griechen, sondern stammte mutmaßlich aus dem anatolischen Kulturkreis. Bis ins 5. Jahrhundert n. Chr. hinein waren der Hügel und die umgebende Stadt kontinuierlich besiedelt. Häufig wurde Troja von Naturkatastrophen heimgesucht, stand aber auch dank seiner strategisch günstigen Lage an der Verbindung zwischen Mittelmeer

Goldene Totenmaske des Agamemnon (gefunden in einem Grab auf der Akropolis in Mykene, 16. Jahrhundert v. Chr.)

und Schwarzem Meer immer wieder im Fokus fremder Mächte.

So erregte die Stadt auch das Interesse der kriegerischen Mykener. Benannt sind sie nach einem Fürstensitz in der Landschaft Argolis auf der Peloponnes. Weitere Paläste dieser Kultur befanden sich in Tiryns und Pylos sowie, außerhalb der Peloponnes, in Böotien und Attika.

Die mykenischen Fürsten waren in politischer Hinsicht voneinander unabhängig. Verbunden waren sie durch eine gemeinsame Sprache, die in ihrer schriftlichen Ausformung – heute Linearschrift B genannt – als die älteste Version der griechischen Sprache gelten kann. Bekannt wurde diese frühe europäische Schrift durch umfangreiche Funde von Tontafeln in den Archiven der mykenischen Paläste. 1939 kamen in Pylos 600 solcher

Tafeln mit Texten in Linearschrift B zum Vorschein. 1952 gelang dem Engländer Michael Ventris die Entzifferung dieser Schrift, die aus einer Kombination von Silben und Bildzeichen besteht.

Auch in der Architektur ihrer Paläste hatten die Herrscher dieser Kultur identische Vorstellungen. Sie waren so wehrhaft angelegt, dass man sie in der Antike für das Werk von Zyklopen – einem urtümlichen Geschlecht von Riesen – hielt. Die monumentalen Kuppel- und Kammergräber mit prächtigen Grabbeigaben für die Verstorbenen zeugen darüber hinaus von beträchtlichem Reichtum. Quelle des Wohlstands waren Beute- und Raubzüge, die mykenische Schiffe auch nach Kreta führten, wo sie der durch Naturkatastrophen geschwächten minoischen Kultur ein Ende bereiteten.

Heinrich Schliemann

Der Ausgräber von Troja, Mykene und Tiryns war kein gelernter Archäologe. Der 1822 geborene Mecklenburger erwarb als Kaufmann ein beträchtliches Vermögen. Dieser Reichtum versetzte ihn in die Lage, seinen Traum zu verwirklichen – die Stätten und Gestalten der griechischen Frühzeit, so wie Homer sie beschrieben hatte, wieder zum Leben zu erwecken. Der sprachbegabte, geschichtsbegeisterte Geschäftsmann war fest davon überzeugt, dass alles, was in den Epen stand, real passiert war. Den berühmten, allerdings sehr viel älteren Goldschatz, den er in Troja entdeckte, nannte er nach dem legendären König von Troja „Schatz des Priamos". Trotz aller Kritik an den unkonventionellen Grabungsmethoden und historischen Interpretationen zählt Schliemann, der am 26. Dezember 1890 in Neapel starb, zu den Pionieren der bronzezeitlichen Archäologie.

Heinrich Schliemann (Porträtaufnahme von 1880)

Die Fürsten übten ein hartes Regiment aus. Die Masse der Bevölkerung verfügte über keinerlei politische Rechte, die meisten Menschen in den mykenischen Staaten lebten in sozialer und wirtschaftlicher Abhängigkeit vom Adel. Die Wehrhaftigkeit der mykenischen Kultur hatte ihren Grund auch darin, dass man in der Furcht vor Unruhen oder sogar Aufständen lebte.

Die Vorherrschaft der Mykener in Griechenland begann um 1600 v. Chr. Den Höhepunkt ihrer Macht erreichten sie im 14. und 13. Jahrhundert v. Chr. Bald nach 1200 v. Chr. wurden die Paläste auf der Peloponnes zerstört. Die Ursache waren entweder Naturkatastrophen oder kriegerische Einwirkungen, vielleicht verursacht durch die „Dorische Wanderung". So lautet die etablierte Bezeichnung für eine komplexe Wanderungsbewegung von sprachlich zusammengehörigen Völkerschaften zunächst bis in das nördliche und mittlere Griechenland, später auch auf die Peloponnes und auf Inseln der Ägäis wie Kreta und Rhodos, schließlich sogar bis an die Südwestküste Kleinasiens. Ein weiterer Grund für das Ende der mykenischen Glanzzeit waren wirtschaftliche Schwierigkeiten. Der Handel geriet aufgrund neuer machtpolitischer Konstellationen im östlichen Mittelmeerraum ins Stocken, und die landwirtschaftliche Produktion in Griechenland litt unter den ökologischen und ökonomischen Folgen eines zu intensiven Ackerbaus.

Jedoch verschwanden die Mykener nicht auf einen Schlag von der Bühne der großen Politik. Spuren ihrer Präsenz lassen sich bis weit in das 12. Jahrhundert v. Chr. hinein feststellen. Sie waren daher auch noch dazu fähig, maritime Expeditionen bis an die Westküste Kleinasiens durchzuführen. Deren realen Hintergrund bildeten aber nicht Ereignisse wie die Entführung einer Spartanerin durch einen trojanischen Prinzen. Solche Geschichten konstruierten die antiken Griechen gern und regelmäßig, wenn über weit zurückliegende Vorkommnisse nur noch eine vage Erinnerung existierte. Vielmehr handelte es sich um lukrative Plünderungs- und Beutezüge, die mykenische Schiffe immer wieder im östlichen Mittelmeerraum unternahmen, wobei auch die Handelsstadt Troja ins Visier der ungebetenen Gäste aus dem Westen geriet. Die Zerstörung Trojas zu Beginn des 12. Jahrhunderts v. Chr. geht also aller Wahrscheinlichkeit nach auf einen dieser Beutezüge zurück. Später haben ihn die Griechen zum grandiosen Szenario des zehnjährigen Trojanischen Krieges weiterentwickelt. Sie schufen Gestalten wie Agamemnon, Achilles, Priamos und Hektor, die zu einem festen Bestandteil der europäischen Tradition wurden, ohne jemals wirklich gelebt zu haben. Die Namen ihrer realen Vorbilder bleiben unbekannt.

Grabkreis A in Mykene mit sechs Gräbern, die wahrscheinlich mykenische Fürsten beherbergten

In Griechenland begann nach dem kontinuierlichen Niedergang der mykenischen Herrschaft die Zeit der „Dunklen Jahrhunderte". So wird jene Epoche zwischen dem beginnenden 12. Jahrhundert v. Chr. und der Mitte des 8. Jahrhunderts v. Chr. bezeichnet, die von einem erheblichen Mangel an historisch auswertbaren Quellen gekennzeichnet ist. Insbesondere ging in Griechenland die von den Mykenern in Form von Linear B gepflegte Schriftlichkeit verloren. Die aus dem Norden eingewanderten Völkerschaften, zusammengefasst unter den Namen Dorier, Ionier und Aioler, hatten keine eigene Schrift. Dennoch waren diese „Dunklen Jahrhunderte" ebenso wenig Zeiten voller Rückständigkeit und Provinzialität wie das angeblich so „dunkle" Mittelalter. Vielmehr entwickelten sich in dieser Zeit jene politischen, wirtschaftlichen und kulturellen Strukturen, die um 750 v. Chr. in einem neuen und zukunftsweisenden Stadium der Geschichte Griechenlands mündeten.

Das Handelsimperium der Phönizier

Sie waren eines der großen Seefahrervölker der Antike. Ihre Schiffe befuhren das gesamte Mittelmeer, von Osten bis Westen. Und überall gründeten sie Stützpunkte für ihren ausgedehnten Handel. Aus diesen Gründen nehmen die Phönizier in der frühen mediterranen Geschichte eine herausragende Position ein.

Ihre große Zeit kam, als der Stern der Mykener zu sinken begann. Das war um 1200 v. Chr., und für die folgenden 350 Jahre waren die Phönizier die Seemacht Nummer eins.

Ausgangspunkt ihrer Unternehmungen waren die im heutigen Libanon gelegenen Städte Tyros, Byblos, Sidon und Berytos. Zu keinem Zeitpunkt bildeten die Phönizier eine zentral gelenkte Gemeinschaft. Jede Stadt war ein Staat für sich, in dem ein lokaler Fürst zusammen mit einer aristokratischen Elite regierte.

Kulturell und religiös waren die Phönizier in der Welt des Vorderen Orients verankert. Ihre Hauptgötter waren der in verschiedenen Funktionen verehrte Baal, zumeist verehrt als Wetter- und Fruchtbarkeitsgott, sowie Melkart, der Stadtgott von Tyros. Das

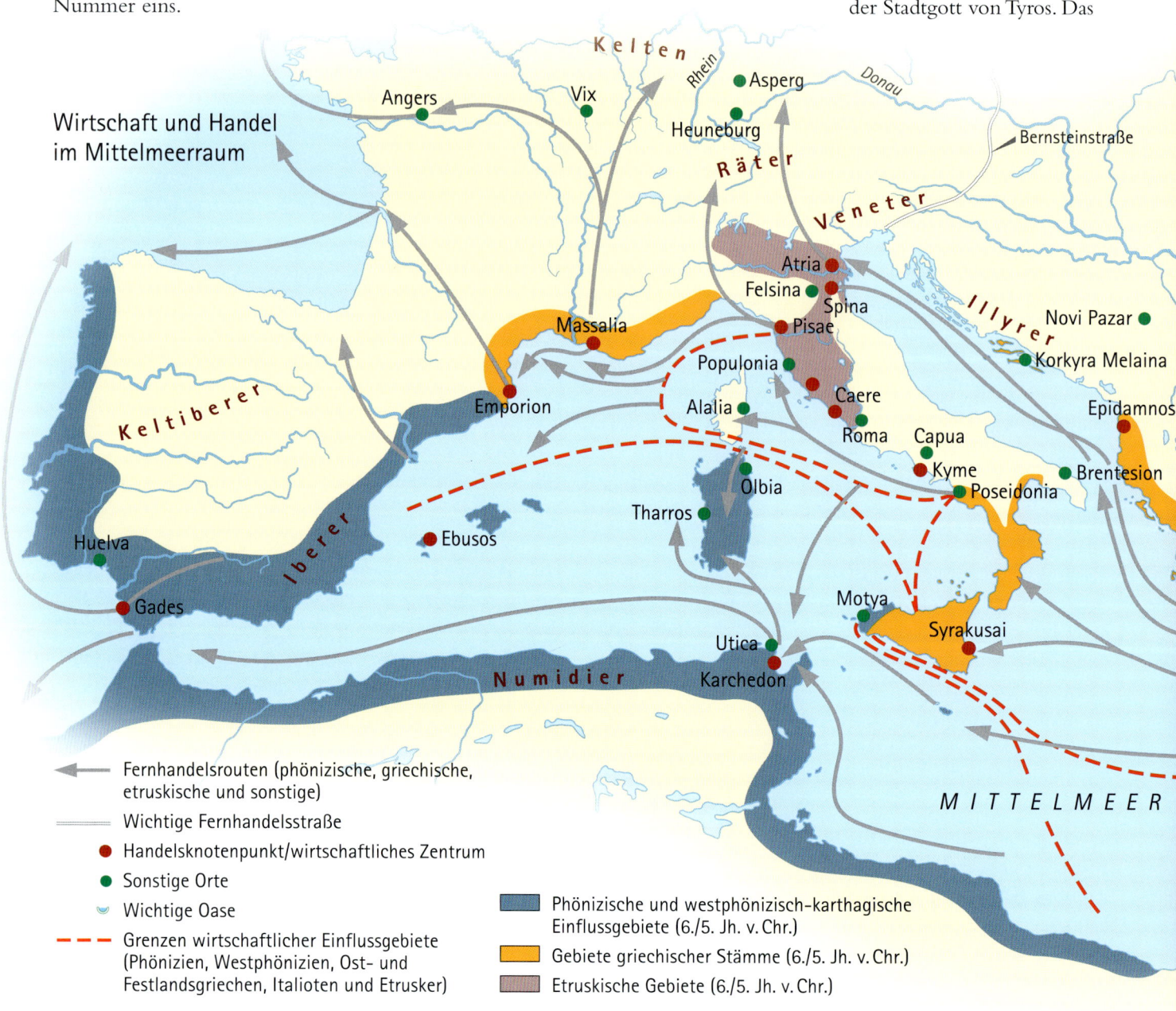

Wirtschaft und Handel im Mittelmeerraum

← Fernhandelsrouten (phönizische, griechische, etruskische und sonstige)

═ Wichtige Fernhandelsstraße

● Handelsknotenpunkt/wirtschaftliches Zentrum

● Sonstige Orte

≈ Wichtige Oase

╍╍ Grenzen wirtschaftlicher Einflussgebiete (Phönizien, Westphönizien, Ost- und Festlandsgriechen, Italioten und Etrusker)

▮ Phönizische und westphönizisch-karthagische Einflussgebiete (6./5. Jh. v. Chr.)

▮ Gebiete griechischer Stämme (6./5. Jh. v. Chr.)

▮ Etruskische Gebiete (6./5. Jh. v. Chr.)

Phönizische, das zur semitischen Sprachfamilie gehörte, verfügte über eine eigene Buchstabenschrift mit 22 Konsonanten. Im 9. Jahrhundert v. Chr. lernten die seit der mykenischen Zeit schriftlosen Griechen im Zuge von Handelskontakten die phönizische Schrift kennen und übernahmen sie. Da ihre Sprache melodischer war als die der Phönizier, ergänzten sie deren Konsonantenalphabet um Vokale, indem sie jene Zeichen des Phönizischen, für die es in der griechischen Sprache keine entsprechenden Laute gab, in Vokale umwandelten (so das einleitende *Alpha*, das im Phönizischen den Lautwert *Aleph* hatte).

Der Blick der Phönizier war immer auf das Meer gerichtet. Das Meer ermöglichte ihnen den Kontakt zur großen weiten Welt. Diesen Kontakt strebten sie nicht aus militärischen, sondern aus rein kommerziellen Interessen an. Sie wollten die Produkte des Orients verkaufen und gleichzeitig von den Ressourcen der Mittelmeerländer profitieren. Eines der begehrtesten Talente der Phönizier war die Purpurfärberei. Nach einer nicht ganz sicheren Etymologie soll auch der Name „Phönizier" von „Purpur" abgeleitet sein. Darüber hinaus hatten die Phönizier den berechtigten Ruf, Meister in der Bearbeitung von Metall und Glas zu sein.

So hatten die phönizischen Seeleute einiges zu bieten, wenn sie sich auf die Suche nach Absatzmärkten machten. Aber zugleich lockten sie die Reichtümer der Ferne. Dabei war es nicht so, dass die Kapitäne von Anfang an die fernen Horizonte ansteuerten, die später zum Handelsimperium der Phönizier gehörten. Zunächst einmal nahmen sie die Inseln und Küsten in der Nähe ins Visier. So zog es sie auf die beinahe vor der Haustür liegende Insel Zypern, die mit ihren reichen Kupfervorkommen lockte. Weitere insulare Ziele waren Rhodos, wo Niederlassungen in Kamiros und Ialysos gegründet wurden, sowie das nachminoische Kreta. Hinzu kam eine Reihe von kleineren Ägäis-Inseln.

Erst als die Phönizier den östlichen Mittelmeerraum handelspolitisch unter Kontrolle hatten, weiteten sie ihre Aktivitäten auf den Westen aus, wie es noch keine Kultur aus dem Vorderen Orient getan hatte. Voraussetzung war das Vorhandensein von entsprechend seetüchtigen Schiffen. Hier hatten die Phönizier als Meister der Schiffsbautechnik, aber auch der Navigation und der Nautik erhebliche Vorteile gegenüber den Rivalen, mit denen sie sich im Konkurrenzkampf zu See auseinander-

setzen mussten. Ein weiterer begünstigender Faktor war, dass es im antiken Libanon Holz in Hülle und Fülle und damit genug Material zum Bau von Schiffen gab. Und schließlich boten die Stützpunkte auf den Inseln der Ägäis eine ideale Basis für größer angelegte Unternehmungen in den Westen.

So brachen die Schiffe der Phönizier mit ihren kundigen Kapitänen zu neuen Ufern auf, erreichten Sizilien, Sardinien, Italien. An keinen Ort kamen sie als Eroberer oder als Kolonisten. Sorgfältig wurde darauf geachtet, mit der einheimischen Bevölkerung nicht in Konflikt zu geraten. Die Phönizier kamen, um Geschäfte zu machen, nicht um Krieg zu führen. Nicht immer aber konnte es bei dieser Harmonie bleiben. So kollidierten auf Sizilien die merkantilen Interessen der Phönizier mit denen der seit der Mitte des 8. Jahrhunderts v. Chr. auch im Westen des Mittelmeerraumes intensiv kolonisierenden Griechen. Dies führte zu einer Aufteilung der insularen Einflusssphären in einen phönizisch kontrollierten westlichen und einen griechisch dominierten östlichen Teil.

Eine wichtige Route phönizischer Handelsexpansion führte an der nordafrikanischen Küste entlang. In der zweiten Hälfte des 9. Jahrhunderts v. Chr. kam es zu verstärkten Bemühungen der Phönizier, sich auch hier als führende Handelsmacht zu etablieren. 814 v. Chr. wurde nach der antiken Überlieferung von Händlern aus Tyros auf dem Boden des heutigen Tunesien die Stadt Karthago gegründet. Phönizisch hieß sie originär *Qart-Hadascht,* was schlicht „Neustadt" bedeutet. Sie lag, sieht man einmal von der Straße von Gibraltar ab, an der schmalsten Stelle des Mittelmeeres. Von dort war es für die wendigen Schiffe der Phönizier nicht mehr als ein Katzensprung bis nach Sizilien, und außerdem konnte man von hier aus den Ost-West-Schiffsverkehr kontrol-

Eine kleine Statue des Sturmgottes Baal
(gefunden in Ugarit, Syrien, ca. 1300 v. Chr.)

lieren. Vor allem aber hatte die neue Stadt die Funktion einer Zwischenstation auf dem Handelsweg ganz in den Westen Europas.

Denn auch bei den phönizischen Geschäftsleuten hatte der sagenhafte Metallreichtum Spaniens Begehrlichkeiten geweckt. Der Süden der Iberischen Halbinsel lockte mit Gold, Silber, Kupfer, Eisen und Zinn. Von Karthago aus sollte der Handel mit Metall koordiniert werden. Auch in Spanien wurden nun in der Nachbarschaft der lukrativen Minen befestigte Handelsstützpunkte angelegt.

Diesem Umstand verdankt eine der ältesten Städte in Spanien ihre Existenz. Die Phönizier nannten die Siedlung Gades, heute heißt die Stadt Cádiz. Antike Quellen datieren die Gründung auf das Jahr 1104 v. Chr., indem sie einen Zeitpunkt von 80 Jahren nach dem Ende des Trojanischen Krieges angeben, der nach kanonischer antiker Deutung 1184 v. Chr. seinen Abschluss fand. Dieses Datum erscheint allerdings als deutlich zu früh und steht nicht in Einklang mit den archäologischen Befunden. So muss die Errichtung der Siedlung auf die Zeit nach der Gründung Karthagos, also nach 814 v. Chr., angesetzt werden. Der Platz, an dem Gades angelegt wurde, war sorgfältig ausgesucht worden. Die Siedlung wurde von den phönizischen Händlern direkt gegenüber der Mündung des Flusses Guadalete errichtet, die sich wiederum an das Tal des Guadalquivir anschloss. Auf diese Weise war der direkte Zugang zu den Bergbaugebieten in Andalusien hergestellt.

Die Phönizier begnügten sich aber nicht mit der ohnehin schon höchst bedeutsamen Pionierleistung, als erstes Volk der Antike das Mittelmeer in seiner ganzen Breite, vom Libanon bis nach Spanien, erschlossen zu haben, womit sie den Status der ersten globalen Wirtschaftsmacht erwarben. Vielmehr wagten sie sich auch durch die Straße von Gibraltar weit hinaus auf den Atlantik, vorbei an den „Säulen des Herakles", wie die Griechen die Meerenge später nannten. Die Hellenen hatten keine Skrupel, den mythischen Helden schon vor der Ankunft der Phönizier nach Spanien zu schicken, weil sie den Ehrgeiz hatten, immer und überall die Ersten gewesen zu sein. Wahrscheinlich gelangten die kühnen Händler aus der Levante bei ihren atlantischen Entdeckungsfahrten bis nach Madeira und zu den Kanarischen Inseln. Phönizische Segler tauchten auch vor der Küste Westafrikas auf. Und auch wenn antike Berichte übertrieben sein mögen, die von der Gründung von 300 Kolonien wissen wollen, so kann es doch als sicher gelten, dass die Phönizier auch die Gestade des westlichen Afrika erforschten – und dies Jahrhunderte, bevor sich die großen europäischen Kolonialmächte in diese Regionen vorwagten.

Einen Einbruch erlebten die phönizischen Aktivitäten erstmals in der Mitte des 9. Jahrhunderts v. Chr., als sie in ihren levantinischen Stammgebieten mit den expandierenden Assyrern in Konflikt gerieten und die Mutterstädte Tyros, Sidon und Byblos den Eroberern tributpflichtig wurden. Im 6. Jahrhundert v. Chr. wurde Phönizien von den Persern und im 4. Jahrhundert v. Chr. von Alexander dem Großen erobert. Danach war es zunächst Teil des Diadochenreiches der Seleukiden, bevor die traditionsreiche Landschaft im Römischen Reich aufging.

Im Westen konnten die Phönizier ihre Stellungen noch bis in das 6. Jahrhundert v. Chr. hinein halten. Dann wurden sie von Karthago abgelöst, jener Stadt, die sie einst selbst gegründet hatten und die sich nun ihrerseits zur neuen Handelsmacht im westmediterranen Raum entwickelte. Auch wenn die Phönizier als politischer und wirtschaftlicher Faktor verschwanden, blieb die kulturelle Kontinuität durch die Dominanz Karthagos gewahrt.

Phönizische und karthagische Schiffe beherrschten nicht nur das Mittelmeer, sondern erkundeten auch Afrika.

Nach der phönizischen Ära begann die Ära der „Punier". So wurden die Karthager von ihren späteren römischen Kontrahenten genannt, womit diese beachtliche Kenntnisse der historischen und kulturellen Zusammenhänge unter Beweis stellten. Denn im Lateinischen bedeutet „Punier" nichts anderes als „Phönizier".

Die Große Griechische Kolonisation

Nach den Worten Platons saßen die antiken Griechen „wie die Frösche um den Teich". Damit hatte der berühmte Philosoph aus Athen ein treffendes Bild geprägt. Die „Frösche" waren die Griechen, die in der Zeit zwischen 750 und 500 v. Chr. in die weite Welt hinauszogen und sich in der Fremde niederließen. Mit dem „Teich" waren sowohl das Mittelmeer als auch das Schwarze Meer gemeint, die in dieser Zeit fast zu griechischen Meeren wurden.

Dieser Vorgang wird allgemein als die „Große Griechische Kolonisation" bezeichnet. Jedoch handelte es sich dabei nicht um Kolonialismus im modernen Sinne. Weder gab es bei den Griechen eine imperiale, auf Krieg und Eroberung ausgerichtete Zielsetzung, noch existierte eine zentrale, die Unternehmungen koordinierende Instanz. Vielmehr handelte es sich um Aktionen einzelner Städte des griechischen Mutterlandes, aus denen aus verschiedenen Gründen ein Teil der Bevölkerung auswanderte und sich in fremden Gefilden auf die Suche nach neuen Siedlungsgebieten begab.

Die Ausbreitung von griechischen Siedlungen im Mittelmeerraum

- ■ Mutterstädte
- ● Städte
- ▮ Griechischer Siedlungsbereich (450 v. Chr.)

Skythen

Tanais

Olbia

Karkine

Nikonion

Pantikapaion Phanagoreia

Taurer

Tyras

Hyperboreer

Theodosia

Olcher

Chersonesos

Pityus

Dioskurias

Istros

Tomis

Schwarzes Meer

Phasis

Karpaten

Kallatis

(Donau)

Istros

Odessos

Sinope

Balkan

Apollonia

Amastris

Paphlagoner

Hermonassa Trapezus

Armenier

Hebros

Amisos Polemonion

Thraker

Bosporus

Byzantion Chalkedon

Kappadoker

Halys

Makedonier

Ainos

Nikomedeia

Propontis

Thasos

Troas

Phryger

Ankyra

Taurus

Olynthos

Imbros

Troja

Samosata

Olymp

Chalkidike

Lemnos

Mysier

Dodona

Ossa

Pergamon

Lesbos

Edessa

THESSALIEN

Ägäisches Meer

Phokaia

Sardes

Lyder

Euphrat

MESOPO-TAMIEN

Thermopylen

Euböa

Chios

Smyrna

Maiandros

Delphi

Chalkis

Teos

Nikephorion

allenia Patras

Theben

Notion

Ephesos

Kiliker

Tarsos

Issos

Elis

Athen

Karer

Soloi

Antiocheia

Korinth

Megara

Karystos

Milet

Pamphyler

Olympia

Argos

Halikarnassos

Taurus

Laodikeia

Pylos

Sparta

Naxos

Lykier

Side

Epiphaneia

Peloponnes

Melos

Rhodos

Phaselis

Kelenderis

Nagidos

Syrer

Palmyra

Kythera

Kykladen

Sporaden

Rhodos

Xanthos

Syrische Wüste

Karpathos

Lapathos

Byblos

Kydonia

Knossos

Kypros

Kition

Damaskos

Kreta

Ida

Paphos

Sidon

Phaistos

Tyros

MITTELLÄNDISCHES MEER

Phöniker

TAPOLIS

Apollonia

Jerusalem

omaïs Kyrene

Askalon

Totes Meer

Barka

Araber

KYRENAIKA

Menelai Portus

Pelusion

Petra

Libyer

Alexandria

Sais

Naukratis

Ägypter

Heliopolis

Memphis

Sinai

Nil

Solche rudergetriebenen Trieren oder Trireme nutzten Griechen und Römer in der Antike (handkolorierte Reproduktion einer Illustration des 19. Jahrhunderts).

Die „Große Griechische Kolonisation" war bereits die zweite Wanderungswelle in der Geschichte der Griechen. Nach der Auflösung der mykenischen Kultur im 12. Jahrhundert v. Chr. hatten sich Dorier und Ionier auf den Inseln der Ägäis und an der Westküste Kleinasiens angesiedelt. Die sich nun ab dem 8. Jahrhundert v. Chr. vollziehende Kolonisation ging von den „Poleis" genannten Stadtstaaten aus, die sich nach den „Dunklen Jahrhunderten" in Griechenland ausgebildet hatten. Bei der Polis handelte es sich um eine eigenständige politische Einheit mit einem städtischen Zentrum und einem überwiegend agrarisch genutzten Umland. Jede Polis hatte ihre eigenen Gesetze, ihre eigene Regierung, ihre eigene Währung und ihren eigenen Kalender. Im Laufe der Zeit entwickelten sich mehr als 700 solcher Stadtstaaten.

Aus ihnen strömten nun Tausende von Menschen in die Welt hinaus. Die Gründe dafür waren vielfältig. Eine wichtige Rolle spielte eine demografische Entwicklung, die zu einem rapiden Anstieg der Bevölkerungszahl führte. Die meist engräumigen Stadtstaaten waren häufig nicht mehr in der Lage, allen Menschen Nahrung und Auskommen zu bieten. Hinzu kamen politische und soziale Unruhen. Manche trieb auch schlicht die Aussicht auf Abenteuer und Reichtümer in die Fremde.

Die Suche nach einer neuen Heimat ging per Schiff vonstatten. Denn wenn man bei der Abfahrt auch noch keine genauen Vorstellungen vom Zielgebiet hatte, so war doch klar, dass es ein Platz an der Küste sein musste – mit einem Hafen, einer halbwegs sicheren Lage und genügend Trinkwasser. Mehr als 200 Kolonisten befanden sich in der Regel auf einem der vielen Schiffskonvois, die sich damals auf den Weg machten. Meistens handelte es sich um jüngere Männer, angeführt von einem *Oikistes*. Dieser „Gründer" hatte die Aufgabe, die Fahrt zu leiten und vor allem nach der Ankunft ein neues gemeinschaftliches Leben zu organisieren. Frauen waren in der Regel nicht mit an Bord. Sie kamen entweder später nach, wenn die Landsuche der Männer von Erfolg gekrönt war, oder die Kolonisten heirateten einheimische Frauen.

Für die zweite Option steht die ausgeschmückte Gründungsgeschichte der Stadt Marseille. Die heutige südfranzösische Metropole wurde um 600 v. Chr. als Massilia von griechischen Siedlern aus dem westlichen Kleinasien gegründet. Die Migranten kamen gerade rechtzeitig an der Küste an, um mitzubekommen, dass der einheimische keltische König einen geeigneten Ehemann für seine Tochter suchte. Versammelt hatten sich an diesem Tag alle heiratsbereiten keltischen Männer. Die Königstochter entschied sich jedoch für Protis, den Anführer der griechischen Ankömmlinge. Gemeinsam gründeten sie daraufhin die neue Stadt Massilia. In der Rahmenhandlung fiktiv, beleuchtet die Erzählung jedoch im Kern korrekt den

Ablauf vieler Begegnungen zwischen griechischen Zu-
wanderern und einheimischer Bevölkerung.

Die neuen Gründungen waren von den Mutterstädten
politisch unabhängig. Gleichwohl bestanden enge persönliche und soziale Beziehungen. Auch in religiöser Hinsicht
gab es viele Gemeinsamkeiten: Um sich in der Fremde
schnell heimisch zu fühlen, nahm man von zu Hause die
Hauptgötter mit und baute ihnen in der neuen Umgebung
an prominenter Stelle Tempel. Sie waren meist prachtvoller
gestaltet als die Heiligtümer in der Heimat, auch weil unter
den griechischen Neugründungen ein politischer Wettbewerb entstand, bei dem man durch möglichst beeindruckende Architektur Pluspunkte zu sammeln bestrebt war.

In der ersten Siedlergeneration wurden Grund und
Boden gleichmäßig verteilt. So waren die griechischen
Kolonialstädte von einer exakten, regelmäßigen Stadtanlage
geprägt, bei der sich die öffentlichen Gebäude im Zentrum, die Wohnbereiche, Handwerkerviertel und Gutshöfe
an der Peripherie befanden. Die egalitären Tendenzen
nahmen jedoch in dem Maße ab, in dem – nach einem
erfolgreichen Start – immer mehr Siedler aus dem Mutterland in die neuen Gründungen kamen, um dort ihr Glück
zu suchen. Sie erhielten kleinere Grundstücke an den Rän-
dern der Stadt, während die Nachkommen der Pioniere
sich zum großgrundbesitzenden, auch politisch führenden
Adel entwickelten.

Die Geschichte der „Großen Griechischen Kolonisation" setzte 770 v. Chr. mit der Gründung von Pithekoussai
auf der Insel Ischia ein. Überhaupt bevorzugte man in der
frühesten Phase Inseln als erste Stützpunkte, von denen aus
man anschließend das Festland erkundete, um sich – wenn
die Inspektion günstig ausfiel – dann dauerhaft dort anzu-
siedeln. Ischia selbst verließen die Griechen rasch wieder
wegen Vulkanismus und Erdbeben.

Das südliche Italien wurde zu einem der bevorzugten
Siedlungsgebiete im Rahmen der „Großen Kolonisation".
Die Griechen nannten diese Region mit den Landschaften
Kampanien, Apulien und Kalabrien *Megale Hellas*, das „große Griechenland". Die Römer übernahmen den Titel und
übersetzten ihn mit *Magna Graecia*. Noch im Verlauf des
8. Jahrhunderts v. Chr. erfolgten die Gründungen von Sybaris und Kroton am Golf von Tarent. Tarent (706 v. Chr.)
war eine Gründung der Spartaner, die sich nur in diesem
einen Fall an der „Großen Kolonisation" beteiligten. Im
7. Jahrhundert v. Chr. kam Metapont, um 600 v. Chr.
Poseidonia (Paestum) mit seinen noch heute imposanten
Tempelanlagen hinzu. Paestum wurde nicht von einer Stadt
im griechischen Mutterland oder von Griechen aus Kleinasien gegründet. Vielmehr trat die Kolonialstadt Sybaris als
Gründer in Erscheinung – ein Phänomen, das nicht isoliert
bleiben sollte: Hatte eine Siedlung wirtschaftlichen Erfolg,
so hob sie ihrerseits Tochterstädte aus der Taufe. Von den

**Der eindrucksvolle Heratempel in Paestum, auch als
Poseidontempel bekannt (Holzstich nach einer Zeichnung von Josef Bühlmann, 1879)**

Filialen erhoffte man sich weitere ökonomische Vorteile. Dabei spielte neben dem Handel immer auch die Landwirtschaft eine wichtige Rolle. Auch die heutige Großstadt Neapel war eine solche koloniale Ablegerstadt. Sie wurde um 680 v. Chr. zu Füßen des Vesuv in einer gemeinschaftlichen Aktion von Kyme und Syrakus als städtische Siedlung installiert und mit dem griechischen Namen Neapolis („Neustadt") versehen.

Ein weiterer Schwerpunkt der griechischen Kolonisation lag auf der Insel Sizilien. Ihre strategische und handelspo-

primär wirtschaftliche Motive im Vordergrund. Tatsächlich entwickelte sich Syrakus in den folgenden Jahrzehnten und Jahrhunderten zu einer prosperierenden Macht im westlichen Mittelmeerraum und zu einer der großen Metropolen der Antike. Mit Selinus, Akragas und Gela komplettierten weitere, ebenfalls bedeutende Städte den Prozess der Urbanisierung auf Sizilien.

Weiter westlich trat Massilia als Gründer von Subkolonien in Erscheinung. So entstanden die Hafenstädte Nikaia (heute Nizza) und Antipolis (heute Antibes). Ab 600 v. Chr.

Apollontempel auf der Insel Ortygia vor Sizilien, historisch das Zentrum von Syrakus

litische Bedeutung hatten die Kundschafter rasch erkannt. Bereits 735 v. Chr. entstand im Osten der Insel die Kolonie Naxos, eine Gründung von Griechen der gleichnamigen Kykladeninsel und aus Euböa. Nur ein Jahr später waren es Siedler aus Korinth, die in der Nähe Syrakus anlegten. Die Korinther waren bereits zu diesem Zeitpunkt eine der führenden Handelsmächte unter den griechischen Stadtstaaten. Bei der Gründung von Syrakus standen denn auch

erstreckte sich der griechische Einflussbereich sogar bis nach Spanien, als die Phokäer von Massilia aus in Katalonien den Ort Emporion (heute Ampurias) gründeten.

Im Osten des Mittelmeerraums gestaltete sich die Kolonisation schwieriger. Die attraktiven Hafenplätze an der Westküste Kleinasiens waren bereits besetzt, weil sich hier, in Städten wie Milet und Priene, zu Beginn des 1. Jahrtausends v. Chr. bereits griechische Siedler niedergelassen hatten. Nicht anders sah es an den Küsten des Vorderen Orients aus, die fest in den Händen zunächst der Phönizier, später der Assyrer, Babylonier und Perser waren. Immerhin kam es im östlichen Nordafrika zu zwei nicht unbedeutenden Gründungen: zum einen von Kyrene im östlichen Libyen, 631 v. Chr. von Siedlern aus Thera (Santorin) als Ergebnis einer in der Heimat grassierenden Hungersnot angelegt, zum anderen von Naukratis in Ägypten. Diese Stadt im Nildelta wurde um 650 v. Chr. von Milet errichtet.

gründeten sie eine Vielzahl von Niederlassungen, deren Radius sich von Ägypten bis zur Krim erstreckte. Besonders das Schwarzmeergebiet war fest in milesischer Hand. Hier war die Stadt am Mäander an nicht weniger als 60 Städtegründungen beteiligt. Das Wirtschaftsimperium von Milet umfasste so bedeutende Siedlungen wie Sinope (heute Sinop), Amisos (heute Samsun) und Olbia in der heutigen Ukraine.

Am Ende des 6. Jahrhunderts v. Chr. ebbte die Welle der Kolonisation allmählich ab. Die Plätze waren verteilt,

Theater der hellenistischen Zeit in Milet

Milet war überhaupt die mit Abstand aktivste Gründerstadt. Für die urbane Expansion waren hier primär merkantile Motive verantwortlich, denn die Heimat des großen Naturphilosophen Thales war eine Metropole nicht allein von Kultur und Wissenschaften, sondern vor allem von Handel und Finanzen. So knüpften die geschäftstüchtigen Kaufleute von Milet ein breites internationales Netz von Handelsbeziehungen. Zu diesem Zweck

alle attraktiven Räume besetzt. Das Ergebnis war die Verbreitung griechischer Kultur in Richtung Osten, vor allem aber auch in Richtung Westen. Europa erhielt jene griechisch geprägte Identität, deren Bedeutung sich noch heute erschließt, wenn man nicht nur im hellenischen Mutterland, sondern auch in Italien, Sizilien, Frankreich und Spanien immer wieder archäologischen Zeugnissen aus der kolonial aktiven Zeit der Griechen begegnet.

Die Etrusker

Neben den Phöniziern, den Karthagern und den Griechen gab es mit den Etruskern ein weiteres Volk, das bei der Verteilung der lukrativen Handelsplätze und Märkte im westlichen Mittelmeerraum über einen langen Zeitraum hinweg kräftig mitmischte.

Bis heute umgibt die Etrusker eine Aura des Geheimnisvollen und Rätselhaften. Das liegt in erster Linie daran, dass sie zwar über eine Schrift verfügten, diese jedoch nicht so vollständig entziffert werden konnte, dass sie über ihre Geschichte und ihre Kultur hinreichend Auskunft geben kann. Kein Zweifel aber kann daran bestehen, dass die Etrusker zu den frühesten und bedeutendsten Hochkulturen der mediterranen Welt gehörten.

Die Aufteilung des Mittelmeerraums

- Expansion und Kolonisation etruskischer Städte (ca. 9.–5 Jahrhundert v.Chr.)
- Griechisches Mutterland und Kolonisationsgebiete
- Phönizische Expansion
- Punische Expansion

0   100   200   300 km

Ihre Heimat lag in Italien, im Gebiet zwischen den Flüssen Arno im Norden und Tiber im Süden, jener Region, die man heute Toskana nennt. Dieser Begriff geht direkt auf die Etrusker zurück, die in dieser Landschaft zwischen dem 9. und dem 5. Jahrhundert v. Chr. ihre Blütezeit erlebten und im Lateinischen *Tusci* genannt wurden. Bei den Griechen hießen sie *Tyrrhener*, wovon wiederum der Name des Tyrrhenischen Meeres abgeleitet ist – jenes Teils des Mittelmeeres westlich der Küsten Italiens, auf dem vor 2500 Jahren die Schiffe der Etrusker unterwegs waren.

Die Etrusker schufen in Italien lange vor den Römern eine Hochkultur. Sie lebten in Städten, verstanden sich auf die Kunst der Metallverarbeitung, wussten den Göttern in Heiligtümern ihre Reverenz zu erweisen und kannten sich in Wirtschaft und Handel aus. Schon in der Antike wurde die Frage der Herkunft der Etrusker kontrovers diskutiert. Manche hielten sie für Einwanderer aus dem Ägäisraum oder aus Kleinasien, andere siedelten sie von Anfang an in Italien an. In Wirklichkeit waren die Etrusker keine ursprünglich geschlossene ethnische Einheit. Vielmehr war ihre Kultur das Ergebnis der Verbindung verschiedener ethnischer Gemeinschaften, die zum Teil aus dem östlichen Mittelmeerraum, zum Teil aus Italien selbst stammten. Nicht zuletzt aufgrund der teilweisen Zugehörigkeit zu den fortschrittlichen Kulturkreisen des Vorderen Orients und Anatoliens waren die Etrusker bei den zivilisatorischen Standards allen anderen Völkern und Stämmen in Italien weit überlegen.

Politisch gab es zu keinem Zeitpunkt ein einheitliches Reich oder einen einheitlichen Staat der Etrusker. Vielmehr waren die Herrschaftsgebiete in einzelne, souveräne Stadtstaaten aufgeteilt. Die wichtigsten und mächtigsten unter ihnen – wie Caere/Cerveteri, Populonia und Tarquinia – bildeten einen aus zwölf Städten bestehenden Bund. Dieser war weniger militärisch als kultisch aktiv. So gab es bei Volsinii das zentrale Heiligtum des Gottes Voltumna. Regiert wurden die Stadtstaaten von Königen, denen ein in der Regel mächtiger Adel zur Seite stand. Von dem Einfluss und dem Reichtum der etruskischen Oberschichten zeugen bis heute die imposanten Grabmonumente in den ausgedehnten Nekropolen.

Im Verlauf des 7. und 6. Jahrhunderts v. Chr. begannen sich die Etrusker von ihren angestammten Siedlungsgebieten aus in Richtung Norden und Süden auszubreiten. Im Norden stießen sie mit den Kelten zusammen, die sie bis zur Po-Ebene zurückdrängen konnten. Im Süden erstreckte

Die Schrift der Etrusker

Ab 700 v. Chr. war bei den Etruskern eine Schrift im Gebrauch, die sie von den Griechen in Süditalien übernommen hatten und in der Ausgestaltung des Alphabets den Lauten ihrer eigenen Sprache anpassten. Für diese Sprache gibt es jedoch keine Parallelen bei anderen Völkern, sodass die Entzifferung des Etruskischen bis heute noch nicht vollständig gelungen ist – trotz eines Inventars von inzwischen 9000 bekannten Texten, bei denen es sich in der überwiegenden Anzahl um Inschriften aus dem Bereich von Religion und Kult handelt. Aufgrund der darin verwendeten formelhaften Sprache ist die Kenntnis des etruskischen Wortschatzes noch sehr begrenzt. So wie die Griechen bei der Schrift der Et-

Beschreibung eines Bestattungsrituals auf Etruskisch (5. Jahrhundert v. Chr.)

rusker Pate standen, so ist das lateinische Alphabet wiederum eine Anleihe der Römer bei den Etruskern. Wer die lateinische Schrift lernt, lernt also die römische Version der etruskischen Adaption der griechischen Buchstaben.

sich der Einfluss der Etrusker bis nach Kampanien. Auch Pompeji, das sehr viel später (79 n. Chr.) traurige Berühmtheit erlangte, als der Vesuv die Stadt zerstörte, stand in dieser Phase der Expansion zeitweilig unter etruskischer Herrschaft.

Die Etrusker dürfen für sich auch das Privileg beanspruchen, die eigentlichen Gründer der späteren Weltstadt Rom gewesen zu sein. Traditionelles Gründungsdatum

der Stadt am Tiber ist der 21. April 753 v. Chr., verbunden mit der Geschichte der Zwillinge Romulus und Remus. Jedoch war Rom zu diesem Zeitpunkt eine noch eher unbedeutende Siedlung von Hirten und Bauern, deren Einwohnerschaft sich primär aus der Bevölkerung der Landschaft Latium rekrutierte. Ab dem 7. Jahrhundert v. Chr. machte sich aber deutlich der Einfluss etruskischer Kultur bemerkbar. Etruskische Dynasten übernahmen die Herrschaft über die Stadt am Tiber, deren Namen die römische Überlieferung mit Tarquinius Priscus, Servius Tullius und Tarquinius Superbus angibt. Ob es Könige dieses Namens tatsächlich gegeben hat, ist nicht sicher und muss eher bezweifelt werden. Doch aus der bescheidenen Siedlung an den sieben Hügeln wurde unter der Regie der fremden Herren eine prosperierende, fortschrittliche Stadt mit Plätzen, Märkten, Läden, Tempeln und großzügigen Wohnkomplexen. Die Etrusker prägten nachhaltig das politische, wirtschaftliche, religiöse sowie kulturelle Leben Roms und stellten dabei unter Beweis, dass sie auch technologisch auf der Höhe waren. Meisterstücke der Ingenieurskunst waren die Trockenlegung der Überschwemmungsgebiete des Tiber und die Anlage der

Der letzte etruskische König Roms, Tarquinius Superbus (Gemälde von Livio Mehus, um 1665/75)

Cloaca Maxima, eines großen Abwasserkanals. Viele spätere Einrichtungen der Römer, wie etwa der Triumphzug oder die Orakel der Auguren, gingen auf die belebende Präsenz der Etrusker zurück.

Die etruskische Herrschaft über Rom endete, wie die antiken Quellen berichten, 509 v. Chr. mit dem Sturz des letzten Königs Tarquinius Superbus. Doch ging es dabei nicht so spektakulär zu, wie es in der Überlieferung beschrieben wird. Die etruskischen Könige wurden nicht gestürzt, sondern allmählich entmachtet, wodurch die Monarchie in eine von Aristokraten regierte Republik umgewandelt wurde. Doch verschwanden die Etrusker damit nicht völlig von der römischen Bildfläche. Im Gegenteil: Zusammen mit den Eliten der Latiner sowie zugewanderten Familien und Sippen aus dem Umland bildeten sie nun jene dynamische Oberschicht, die in den folgenden Jahrzehnten und Jahrhunderten an dem Erfolgsmodell „Römisches Weltreich" arbeitete.

Die Etrusker verfügten nicht nur über viel politisches Potenzial, sondern auch über immense Reichtümer. Diese verdankten sie zum einen den natürlichen Ressourcen der antiken Toskana und zum anderen ihren weitgespannten Handelsaktivitäten. In Italien profitierten sie von den holzreichen Wäldern und den Salinen am Tyrrhenischen Meer. In der Landwirtschaft sorgte die Einführung des Pfluges für rationelle Arbeitsweisen und hohe Erträge. Besonders lukrativ waren die Metallvorkommen auf der Insel Elba.

Das Kerngebiet und die Expansion der Etrusker

● Größere etruskische Stadt
● Sonstige Siedlung
▨ Etrurien-Kerngebiet
▨ Kolonialgebiet und Machtbereich der Etrusker
Populonia Moderner Name
Populonium Lateinischer Name
Fufluna Etruskischer Name

0   50   100   150 km

Von dort aus wurde das Eisenerz über See nach Populonia transportiert, verhüttet und entweder für den Eigenbedarf etwa an Waffen oder für den Export verwendet. Grabfunde dokumentieren eindrucksvoll den Radius der etruskischen Handelsbeziehungen. Aus Nordeuropa kam Bernstein, aus dem östlichen Mittelmeerraum landeten allerlei Luxusgegenstände aus Gold, Silber und Elfenbein in den Häusern der Reichen und Vornehmen.

Das westliche Mittelmeer versuchten die Händlereliten aus den großen Städten zu einem etruskischen Meer zu machen. In dieser Region aber hatten sie sich der Konkurrenz von Karthagern und Griechen zu stellen. Der harte Wettbewerb führte zu einer Reihe von Seeschlachten, die den etruskischen Flotten manchmal, jedoch nicht immer den gewünschten Erfolg brachten. Um 540 v. Chr. kämpften sie vor der Küste Korsikas in der Schlacht von Alalia (heute Aleria) zusammen mit den verbündeten Karthagern gegen die griechischen Phokäer, deren Städte im heutigen Südfrankreich zu wichtigen Zentren des Seehandels geworden waren. Die 120 Schiffe der etruskisch-punischen Koalition waren erfolgreich. Das Ergebnis war eine Aufteilung der Handelszonen: Korsika ging an die Etrusker, Sardinien an die Karthager, Südfrankreich an die Griechen.

Lange hielt die Harmonie nicht. 474 v. Chr. kam es bei Kyme in Kampanien zu einem Seegefecht zwischen Etruskern und dem mächtigen Syrakus, das die Griechen aus Sizilien zu ihren Gunsten entscheiden konnten. 453 v. Chr. gab es eine weitere Niederlage gegen Syrakus in den Gewässern zwischen Populonia und Elba, den Brennpunkten etruskischer Metallgewinnung. Die Folge war eine Schwächung nicht nur der wirtschaftlichen, sondern auch der politischen und militärischen Stellung der etruskischen Städte. So war das 5. Jahrhundert v. Chr. die Zeit eines allgemeinen Niedergangs, jedenfalls was die Position der Etrusker als Handelsmacht anging.

Ging der Einfluss zur See kontinuierlich zurück, so büßten die Etrusker bald auch auf dem Festland ihre dominierende Stellung ein. Dies lag vor allem an dem Aufstieg der Römer, denen etruskische Fürsten zwei Jahrhunderte zuvor Aufbauhilfe geleistet hatten. Eine Zäsur war das Jahr 396 v. Chr., als die Römer nach langwierigen Kämpfen die Etruskerstadt Veji eroberten und zerstörten. Nach und nach gerieten auch die übrigen einst so stolzen Städte der Etrusker unter die

Vorherrschaft der neuen Macht vom Tiber. So ging die Geschichte der Etrusker zu Ende, indem sie Teil der römischen Geschichte wurde. Eine späte Würdigung ihrer Bedeutung für die Entwicklung der Stadt Rom erfuhren

die Etrusker im 1. Jahrhundert n. Chr., als der spätere römische Kaiser Claudius, der von 41 bis 54 n. Chr. regierte, eine – unglücklicherweise nicht mehr erhaltene – Geschichte der Etrusker in 20 Bänden verfasste.

Der römische Diktator Furius Camillus erobert 396 v. Chr. die etruskische Stadt Veji (Holzstich nach der Zeichnung von W. Deimling, 1862).

Kriege und Imperien

Alexander der Große eroberte ein riesiges Reich und trug die hellenistische Kultur bis in die entferntesten Winkel der antiken Welt. Den Ausgangspunkt für den Aufbau seines Imperiums bildete der Rachefeldzug gegen die Perser. Hier trifft Alexander in der Schlacht bei Issos 333 v. Chr. zum ersten Mal auf den persischen König Dareios III. (römisches Mosaik nach einem griechischen Gemälde des 4. Jahrhunderts v. Chr. von Philoxenos, Casa del Fauno in Pompeji).

Griechen und Perser

In der Mitte des 6. Jahrhunderts v. Chr. bildete sich in Asien innerhalb kürzester Zeit das Großreich der Perser heraus. Begründer der neuen Supermacht war Kyros II. aus der Dynastie der Achämeniden. Unter seiner Herrschaft eroberten die Perser von ihren Stammsitzen am Persischen Golf aus weite Teile des Vorderen Orients.

546 v. Chr. gelang ihnen die Unterwerfung des von Kroisos („Krösus") regierten Königreiches Lydien. Sieben Jahre später erfolgte die Eroberung des ruhmreichen Babyloniens. Die militärische Siegesserie der Perser hielt auch unter den Nachfolgern des Kyros an, der 529 v. Chr. starb.

König Krösus

Der Name „Krösus" steht bis heute für Reichtum. Historisches Vorbild für das Sprichwort war der König der Lyder im westlichen Kleinasien, den die Griechen „Kroisos" nannten. „Krösus" ist die latinisierte Form. Kroisos regierte das Land zwischen 560 und 547 v. Chr. Sein Reichtum beruhte auf der Ausbeutung von Bergwerken und auf dem Import von Gold aus dem Schwarzmeergebiet. Häufig unternahm er Eroberungszüge und dehnte das Herrschaftsgebiet der Lyder im Osten bis zum Fluss Halys aus. Das Ende seiner Glanzzeit kam mit der Expansion der Perser unter Kyros II.: Lydien mit seiner Metropole Sardes wurde persisch, Kroisos abgesetzt. Sein weiteres Schicksal ist unklar. Der jähe Sturz eines reichen und mächtigen Herrschers machte Kroisos schon in der Antike zum Exempel eines tragischen Monarchen. Berühmt ist auch seine Fehldeutung des Orakels, das er vor dem Kampf gegen die Perser eingeholt haben soll. Die Auskunft lautete: „Wenn du den Halys überschreitest, wirst du ein großes Reich zerstören." Kroisos war der fatalen Ansicht, damit sei das Reich der Perser gemeint, während sich die Weissagung auf sein eigenes bezog.

Ein Goldstater aus der Regierungszeit des Krösus (560–547 v. Chr.)

So errang Kambyses 525 v. Chr. die Herrschaft über Ägypten. Unter Dareios I., der 35 Jahre lang von der repräsentativen Hauptstadt Persepolis aus regierte, kamen im Osten Gebiete bis zum Indus hinzu. Außerdem fassten die Perser in dieser Zeit auch in Europa Fuß, indem sie Territorien in Thrakien und Makedonien unter ihre Kontrolle brachten.

Die Perser verstanden nicht nur zu erobern, sondern auch das Eroberte zu sichern. Sie entwarfen moderne administrative Strukturen, teilten das Riesenreich in „Satrapien" genannte Provinzen ein und verbanden die einzelnen Teile ihres Imperiums durch gut aus-

THRAKIEN

Strymon *Nestos* *Hebros*

Schwarzes Meer

Byzantion

Pangaion-Gebirge

Abdera Doriskos

Propontis

Eion *Thasos*

Chalkidike

Athos *Samothrake*

Sestos

Abydos

Phrygien

Imbros

Sigeion

Lemnos

Mysien

Lesbos

PERSER-REICH

Aiolis

×K. Artemision
480

Ägäisches Meer

Kyme

Lydien

IONIEN

Sardeis

Euboia

Smyrna

Chios

Boiotien
479
Plataiai
Attika
Marathon
480 490 ×
Korinth
Salamis Athen
Laureion

Kolophon

Ephesos

Magnesia

Mäander

Andros

Samos

Mykale
×479
494×
Lade Milet

Karien

Troizen

Tenos

Mykonos

Delos

Patmos

Kyklanden

Naxos

Halikarnassos

N

Paros

Amorgos

Siphnos

Kos

Melos

S

Kythera

Rhodos

Kretisches Meer

Kreta

Die Perserkriege

- Persisches Gebiet
- Persische Vasallen
- Neutrale oder den Persern freundlich gesinnte Staaten
- Verbündete gegen die Perser
- Gebiet des Ionischen Aufstandes

- - - ▶ Zug unter Datis und Artaphernes (490 v. Chr.)
········▶ Flotte des Xerxes (480 v. Chr.)
- - - ▶ Heer des Xerxes (480 v. Chr.)

gebaute Straßen. Gegenüber den unterworfenen Völkern ließ man, vor allem bezüglich der Religion, Toleranz walten. Der König selbst war ein absolut regierender Herrscher. Berühmt war das persische Hofzeremoniell: Wer sich dem Monarchen näherte, musste die Proskynese vollziehen und sich ihm vor die Füße zu werfen.

Mit der Eroberung Lydiens waren auch die Griechenstädte an der Westküste Kleinasiens unter persische Ober-

hoheit geraten. Um ihre Autonomie zurückzugewinnen, bliesen sie 500 v. Chr. unter Führung der bedeutenden Hafenstadt Milet zum „Ionischen Aufstand". Sechs Jahre

Xerxes I. wurde auf einem Relief im Dareios-Palast in Persepolis dargestellt, hier eine Umzeichnung.

später war der Krieg beendet. Die Perser hatten gesiegt. Zur Strafe wurde Milet total zerstört. Aus dem griechischen Mutterland hatten die Aufständischen allein von Athen und Eretria Unterstützung erhalten. Dem persischen Großkönig Dareios lieferte diese Hilfestellung einen willkommenen Anlass, um nun auch die Griechen auf der anderen Seite der Ägäis ins Visier zu nehmen.

490 v. Chr. schickte der König daher seine Generäle Datis und Artaphernes mit einer Flotte nach Attika, um den Athenern eine militärische Lektion zu erteilen. Jedoch erlebten die persischen Kämpfer in der Ebene von Marathon eine völlig unerwartete Niederlage. Dem motivierten Bürgerheer der Athener, das unter der Führung des Miltiades in einer geschlossenen Phalanx angetreten war, hatten die persischen Bogenschützen nichts entgegenzusetzen. Am Ende fanden über 6.000 Perser den Tod, auf athenischer Seite waren 192 Opfer zu beklagen. Ein Grabhügel erinnert am Ort des Geschehens bis heute an jenes Ereignis, das den Athenern in der griechischen Welt ein hohes Maß an Prestige einbrachte.

Aus persischer Sicht verlangte das Debakel von Marathon nach einer Revanche. Zwar bedeutete die Niederlage in Attika für die Supermacht, deren Herrschaft sich von Ägypten bis nach Indien erstreckte, im Prinzip nur ein marginales Ereignis an der Peripherie des Reiches. Doch Marathon stand für ein militärisches Versagen, das mit dem Anspruch der Unbesiegbarkeit kollidierte, den die Könige aus der Dynastie der Achämeniden seit den Tagen von Kyros für sich erhoben. Und es gab auch interne Gründe, Marathon vergessen zu machen. Der König hatte in Persien zwar eine herausgehobene Stellung, aber es gab auch einen mächtigen iranischen Adel. Um sich gegen dessen Einfluss zu behaupten, mussten die Herrscher außenpolitische Erfolge vorzeigen können.

So entstand der Plan eines groß angelegten Feldzuges nach Griechenland. Dareios I. war inzwischen gestorben. Die Nachfolge hatte 486 v. Chr. sein Sohn Xerxes angetreten. Nach umfangreichen Vorbereitungen war es so weit: 480 v. Chr. setzte sich eine der größten Armeen, die es bis dahin in der antiken Kriegsgeschichte gegeben hatte, von Persien aus in Richtung Griechenland in Bewegung. Gut 100.000 Mann umfasste das Aufgebot der Perser. Während Dareios zehn Jahre zuvor das Geschehen von Marathon nur aus der Ferne begleitet hatte, übernahm Xerxes persönlich das Kommando über das persische Invasionsheer. Von ihm selbst stammte auch der Plan zur Unterwerfung Griechenlands. Die Perser wollten von Norden kommen, in einem kombinierten Angriff zu See und zu Land. Im Frühjahr 486 v. Chr. wurde der Feldzug mit der Überquerung der Dardanellen eröffnet.

Die Griechen waren durch die Nachricht vom Vormarsch der Perser in Alarmbereitschaft versetzt worden. Im Angesicht der drohenden Gefahr überwanden die Stadtstaaten ihre traditionellen Rivalitäten und schlossen sich zu einem Verteidigungsbündnis unter der Führung Spartas zusammen. Die Spartaner, bekannt für den militärischen Drill, dem sie ihren Nachwuchs schon in ganz jungen Jahren unterzogen, waren die Militärmacht Nummer eins unter den griechischen Staaten.

Eine große strategische Bedeutung bei der Bekämpfung der persischen Angreifer kam den Thermopylen zu. Diese „Heißen Tore" waren ein enger Pass zwischen Bergen und Küste im mittleren Griechenland. Der Ort wurde zum Mythos, weil hier der Spartaner Leonidas im August 480 v. Chr. mit nur ein paar Tausend Kämpfern, darunter 300 Elite-Spartiaten, den Vormarsch des persischen Landheeres stoppte. Dadurch sollte den übrigen Griechen Zeit gegeben werden, sich für die Invasion zu rüsten. Schließlich gelang es den Persern durch Verrat, die Blockade zu überwinden. Leonidas und seine Mitstreiter wurden allesamt getötet. Weil zugleich eine griechische Flotte bei Artemision (Euboia) gegen die Armada der Perser unterlag, konnte der Großkönig den Zug nach Süden nunmehr ungehindert fortsetzen. An den Thermopylen errichteten die Griechen später ein Denkmal für die Gefallenen. Der zeitgenössische Dichter Simonides zeichnete für die Inschrift verantwortlich, der Friedrich Schiller in der deutschen Übersetzung ihre klassische, dauerhaft zitierfähige Form gegeben hat: „Wanderer, kommst du nach Sparta, gib Kunde dort, du habest uns hier liegen gesehen, wie das Gesetz es befahl."

Die Legende vom Marathonlauf

Als die Athener 490 v. Chr. die Perser bei Marathon besiegt hatten, soll sich Folgendes zugetragen haben: Einer der Kämpfer lief die etwas mehr als 42 Kilometer nach Athen, erreichte den Marktplatz, keuchte „Wir haben gesiegt" und brach tot zusammen. Wahr ist diese Geschichte allerdings nicht. Zwar gab es tatsächlich einen „Marathon-Läufer". Dieser Pheidippides rannte aber nicht von Marathon nach Athen, sondern von Athen nach Sparta, wo er vor der Schlacht gegen die Perser um Unterstützung werben sollte. Nach der Schlacht rannte nicht ein einzelner Athener in die Stadt zurück, sondern die ganze Phalanx der Krieger, die in Marathon die Perser besiegt hatten. Denn die restlichen Perser fuhren mit ihren Schiffen um Kap Sunion herum, mit dem Ziel, die Stadt auf diese Weise in ihre Hände zu bekommen. Doch die Krieger liefen schneller, als die Schiffe segelten, und standen schon zur Abwehr bereit, als die Perser in den Piräus einliefen. Jetzt hatten sie endgültig genug und zogen ab.

Der Siegesbote von Marathon (Bronzestatue von Max Kruse, 1884)

Wenige Zeit später standen die Perser vor den Toren der Stadt Athen. Diese war von den verantwortlichen Politikern vorsorglich evakuiert worden. Die Bevölkerung – Männer, Frauen und Kinder – harrte auf der Insel Salamis und an anderen sicheren Orten aus. Zuerst machte sich Xerxes daran, Athen zu plündern. Dabei hatte er es besonders auf die Akropolis abgesehen: Alle Gebäude auf dem Vorzeigehügel der Stadt wurden zerstört. Damit rächten sich die Perser nach offizieller Lesart für die Hilfe, die Athen während des Ionischen Aufstandes den Griechen Kleinasiens hatte zukommen lassen.

Die Lage wäre für die Griechen und speziell für Athen zu diesem Zeitpunkt aussichtslos gewesen, hätte man nicht schon vor dem Auftauchen der Perser in Griechenland aufgrund der Initiative des ebenso ambitionierten wie vorausblickenden Politikers Themistokles viel Geld in den Aufbau einer leistungsfähigen Flotte investiert. Im September 480 v. Chr. kam es in den Gewässern bei

Bronzestandbild des spartanischen Königs Leonidas auf dem Schlachtfeld bei den Thermopylen (G. Dousmanis, 1955)

der Attika vorgelagerten Insel Salamis zu einer großen Seeschlacht. Xerxes hatte in der Erwartung eines grandiosen Sieges seiner Flotte einen Logenplatz in Form eines Thrones auf einer Anhöhe auf dem Festland eingenommen. Dort wurde er jedoch zum Zeugen eines triumphalen Sieges der Athener, deren Schiffe in der engen Bucht wesentlich effektiver operierten als die der Perser. Nach zwölf Stunden war das Gefecht entschieden und die persische Flotte fast komplett aufgerieben.

Damit war das Kapitel Perserkriege für die Griechen jedoch noch nicht abgeschlossen. Xerxes zog sich zwar mit dem kümmerlichen Rest seiner Flotte nach Kleinasien zurück. Seinen Feldherrn Mardonios ließ er jedoch mit dem Landheer in Griechenland zurück. Im folgenden Frühjahr sollte er nach den Plänen des Königs den Griechen den entscheidenden Schlag versetzen. Doch wieder liefen die Dinge anders als vorgesehen. Die vereinten griechischen Heere unter dem Kommando des Spartaners Pausanias errangen bei Plataiai in Böotien einen deutlichen Sieg. Die Griechen glaubten zu wissen, dass sie diesen Erfolg himmlischen Mächten zu verdanken hatten, und stifteten dem Apollon-Heiligtum in Delphi einen goldenen Dreifuß mit einer dreifach gewundenen Schlangensäule. Später wurde sie von dem römischen Kaiser Konstantin dem Großen in seine neue Hauptstadt

Konstantinopel gebracht. Auf dem dortigen Hippodrom kann sie im heutigen Istanbul immer noch bewundert werden, wenn auch in zeitbedingt rudimentärem Zustand.

Das Finale des großen Krieges zwischen Griechen und Persern fand im selben Sommer 479 v. Chr. vor der Halbinsel Mykale an der Westküste Kleinasiens statt. Hier wurden die Reste des persischen See- und Landheeres von einer vereinten griechischen Armee unter spartanischer und athenischer Führung besiegt. Der Traum der Perser von einer Ausdehnung ihrer Macht nach Europa war ausgeträumt. Die Griechen feierten den Triumph ausgiebig. In dem Geschichtsschreiber Herodot fanden sie ein Sprachrohr, das den Erfolg als einen Triumph des freien Griechentums über die orientalische Despotie feierte.

Die Realität sah nüchterner aus. Die angesichts der Gefahr aus dem Osten geschmiedete Allianz der Griechen brach bald nach dem Ende dieser Bedrohung wieder auseinander. Zwischen der alten Großmacht Sparta und Athen, das aufgrund der Leistungen seiner Flotte nun seinerseits nach mehr Einfluss in Griechenland strebte, brachen Spannungen auf. Und die Griechenstädte in Kleinasien, deretwegen der Krieg zwischen Griechen und Persern 500 v. Chr. überhaupt erst begonnen hatte, konnten sich nicht lange an ihrer Freiheit erfreuen, gerieten sie doch schon bald wieder unter die Herrschaft der Perser.

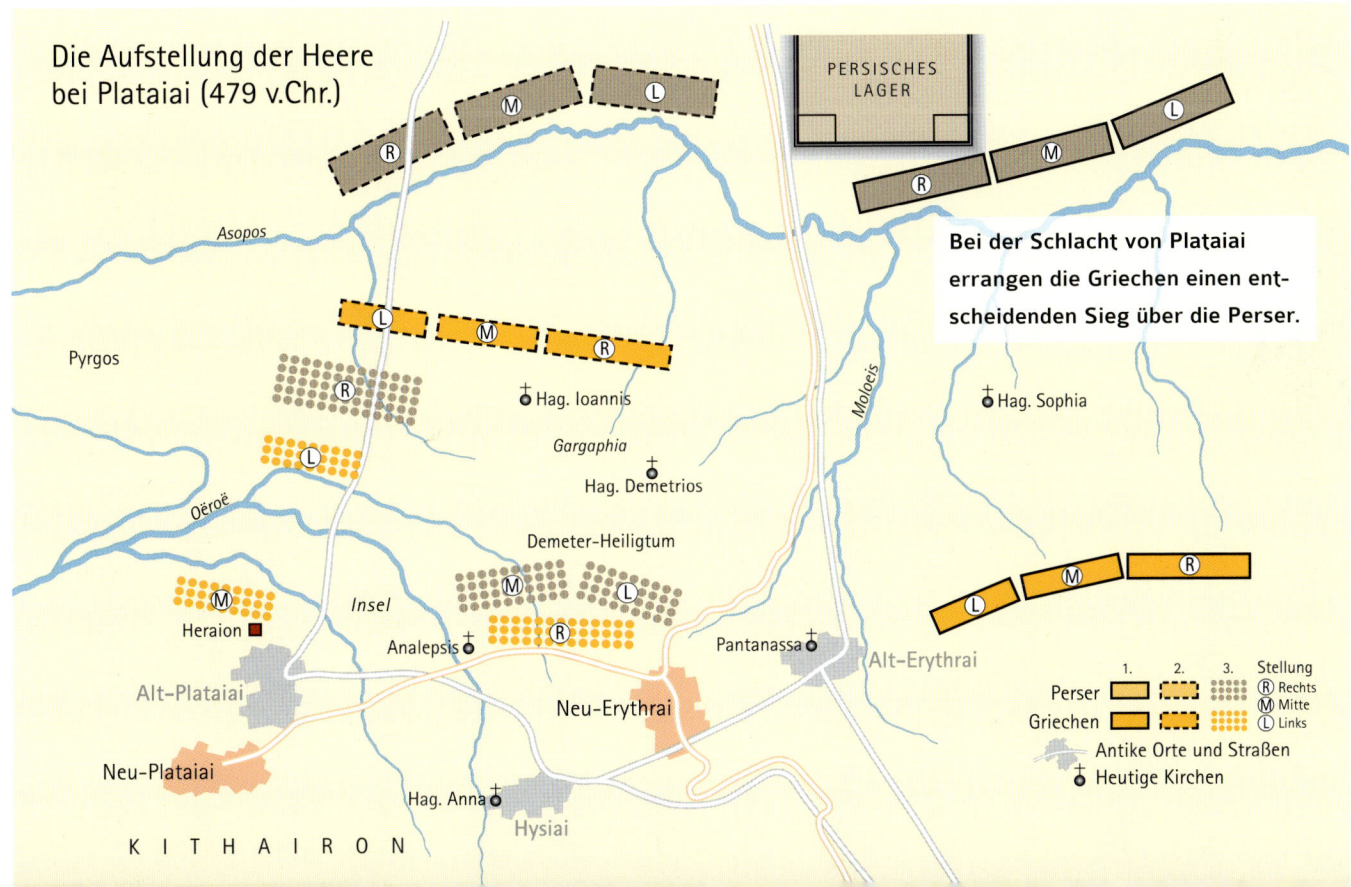

Die Aufstellung der Heere bei Plataiai (479 v.Chr.)

PERSISCHES LAGER

Bei der Schlacht von Plataiai errangen die Griechen einen entscheidenden Sieg über die Perser.

Asopos

Pyrgos

Oëroë

Hag. Ioannis

Gargaphia

Hag. Demetrios

Demeter-Heiligtum

Insel

Heraion

Analepsis

Moloeis

Hag. Sophia

Pantanassa

Alt-Erythrai

Alt-Plataiai

Neu-Erythrai

Neu-Plataiai

Hag. Anna

Hysiai

KITHAIRON

	1.	2.	3.	Stellung
Perser				R Rechts
Griechen				M Mitte
				L Links

Antike Orte und Straßen
Heutige Kirchen

Athen und Sparta

Knapp 50 Jahre nach dem Sieg der Griechen über die persischen Invasoren kam es in Griechenland selbst zu langwierigen militärischen Auseinandersetzungen, die als der „Peloponnesische Krieg" in die Annalen eingegangen sind. Kontrahenten waren auf der einen Seite Sparta, auf der anderen Seite Athen mit ihren jeweiligen Verbündeten.

Die Ursache dieses Krieges hat bereits der zeitgenössische Historiker Thukydides scharfsinnig erkannt: Es war das Wachstum der neuen Großmacht Athen, das die bisherige Führungsmacht Sparta in den Krieg zwang. Insofern ist der Peloponnesische Krieg ein historischer Modellfall für die Entstehung eines bewaffneten Konflikts, den keiner der Beteiligten in dieser Form angestrebt hatte.

Zwischen dem Ende der Perserkriege und dem Konflikt der beiden griechischen Supermächte bestand ein unmittelbarer Zusammen-

hang. Bevor die Perser kamen, war Sparta innerhalb der griechischen Staatenwelt unangefochtener Hegemon. Die Macht der Spartaner stützte sich auf ihre militärische Stärke sowie auf ihre Herrschaft über die Städte und Völker auf der Peloponnes. Athen jedoch hatte in den Perserkriegen entscheidend aufgeholt. Nicht zu Unrecht pochten die Athener darauf, dass die Gefahr vor allem dank ihrer Flotte gebannt werden konnte.

478 v. Chr. gründeten sie den Delisch-Attischen Seebund: „delisch", weil die gemeinsame Bundeskasse auf der Kykladeninsel Delos deponiert wurde; „attisch", weil die Athener in dieser Allianz die Führungsrolle reklamierten. Ursprünglich war der Seebund als eine Koalition gleichberechtigter Stadtstaaten konzipiert worden, mit dem erklärten Ziel, das griechische Mutterland und die Inseln vor weiteren Angriffen der Perser zu schützen. Nach und nach traten viele Städte diesem Bündnis bei. Um die Mitte des 5. Jahrhunderts v. Chr. gab es mehr als 200 Mitglieder. Sie zahlten entweder feste Summen in die Bundeskasse ein oder leisteten, wie die reiche Insel Samos, ihren Tribut in Form von Schiffen. Administratives Organ des Seebundes war die Bundesversammlung.

Der Peloponnesische Krieg

🟧 Athen und Bundesgenossen	⋯⋯ Athen und Bundesgenossen: Feldzüge 431–421 v. Chr.
🟥 Sparta und Bundesgenossen	– – Athen und Bundesgenossen: Feldzüge 416–404 v. Chr.
🟩 Neutrale griechische Staaten	⋯⋯ Sparta und Bundesgenossen: Feldzüge 431–421 v. Chr.
	– – Sparta und Bundesgenossen: Feldzüge 415–404 v. Chr.

Bald aber zogen sich die Athener den Unmut ihrer Bundesgenossen zu. Die anderen Städte sahen sich von Partnern zu Untertanen degradiert. Tatsächlich nahmen die Athener immer weniger Rücksicht auf die Interessen der anderen, sondern betrachteten den Seebund als ihr eigenes Herrschaftsinstrument. Nachdem 449 v. Chr. ein Abkommen mit den Persern erzielt worden war, in dem der Großkönig den kleinasiatischen Griechenstädten die Unabhängigkeit zugesichert hatte, sahen viele Bundesgenossen den Bündniszweck als erfüllt an. Doch Austritte aus dem Seebund waren nach der Lesart der Athener nicht vorgesehen. Wer sich weigerte, weiter Mitglied zu sein, wurde mit harten Sanktionen belegt. Zum Strafenkatalog gehörten Maßnahmen wie Auslieferung der Flotte, Zahlung von Entschädigungen, Niederreißen der Stadtmauern und Ansiedlung von Kolonisten aus Attika. Zudem beklagten die anderen Bundesgenossen die massiven Eingriffe der Vormacht Athen in ihre souveränen Rechte. Die von Athen forcierte Übernahme athenischer Münzen, Maße und Gewichte wurde als drastischer Eingriff in die Autonomie der Polis empfunden.

Der Bau der Akropolis in Athen

Jede griechische Stadt hatte eine „Oberstadt" – so die Übersetzung des griechischen Wortes „Akropolis". Hier befanden sich in der Regel die wichtigsten Heiligtümer. „Die" Akropolis aber ist die Akropolis von Athen. Sie verfügte im 5. Jahrhundert v. Chr. über prächtige Bauten, deren Ruinen oder Rekonstruktionen noch heute zu bewundern sind: Propyläen, Parthenon, Erechtheion, Nike-Tempel. Die alten Akropolis-Bauten waren 480 v. Chr. bei den Plünderungen durch die Perser zerstört worden. Perikles begann 30 Jahre später mit dem Wiederaufbau. Die neuen Bauten sollten für Athens Macht und die Leistungsfähigkeit der athenischen Demokratie stehen. Tausende von Arbeitern waren am Werk, von überall her wurden kostbare Materialien herangeschafft. Die Oberaufsicht übertrug Perikles dem berühmten Künstler Pheidias. Prunkstück war der Parthenon mit der zwölf Meter hohen goldenen Statue der Stadtgöttin Athena.

Für besonderen Unmut sorgte 454 v. Chr. die Überführung der Bundeskasse von Delos nach Athen. Angeblich geschah dies, um sie vor den Persern in Sicherheit zu bringen. Jedoch bestand objektiv keine solche Gefahr. Vielmehr ging es den Verantwortlichen in Athen darum, autonom über die Finanzpolitik des Seebundes zu bestimmen. Ihre neue Heimat fand die Bundeskasse im Parthenon auf der Akropolis, in einer jener Bauten, deren Errichtung Perikles – bis zum Anfang des Peloponnesischen Krieges die führende Persönlichkeit in der Politik Athens – im Rahmen eines gigantischen Wiederaufbauprogramms nach den Zerstörungen der Perserkriege veranlasst hatte.

Perikles hatte auch keine Skrupel, tief in die Bundeskasse zu greifen, um die Bauwerke auf der Akropolis zu finanzieren. Als sich die Bundesgenossen beklagten, dass die Ausgaben nicht mit der Zielsetzung des Seebundes vereinbar seien, gab Perikles die denkwürdige Antwort: „Das Geld gehört nicht denen, die es zahlen, sondern denen, die es bekommen, sofern sie für den erhaltenen Betrag die vereinbarte Gegenleistung erstatten."

Athen machte sich in dieser Zeit seiner größten politischen und kulturellen Blüte nicht nur bei den eigenen Bundesgenossen unbeliebt. Auch die alte Führungsmacht Sparta ging zunehmend auf Distanz. Völlig richtig hatten die Spartaner die Athener in Verdacht, nach der Hegemo-

nie in der griechischen Staatenwelt zu streben. Bedrängt wurden die Spartaner dabei auch von ihren eigenen Partnern im Peloponnesischen Bund. Besonders die reiche Handelsmetropole Korinth witterte in der Seemacht Athen eine kommerzielle Konkurrenz und forderte von Sparta eine Reaktion.

Hinzu kam ein politisch-ideologischer Gegensatz. Sparta war der Modellfall einer oligarchischen Ordnung: Eine kleine Elite bestimmte traditionell die Geschicke von Staat und Politik. Das Volk hatte nur wenige Mitspracherechte. Ganz anders in Athen: Hier hatte sich im Verlauf des 6. Jahrhunderts v. Chr. eine demokratische Ordnung herausgebildet – die erste Demokratie der Weltgeschichte. Nun waren die Spartaner, die sich als Hort der Oligarchie sahen, von der Furcht geplagt, diese Ordnung könnte sich weiter ausbreiten. Tatsächlich werteten die Athener ihre Demokratie als eine vorbildliche Exportware. Jedoch stand dabei weniger der Wunsch im Vordergrund, die Menschheit mit einer modernen Form der Herrschaft zu beglücken, sondern vielmehr das Kalkül, damit den politischen Einfluss Athens in Griechenland ausweiten zu können.

431 v. Chr. brach der Krieg aus, den in dieser Form eigentlich keiner gewollt hatte. Diplomatische Verhandlungen waren im Vorfeld gescheitert, weil die Spartaner unter dem Druck ihrer Bündnispartner standen und die Athener nicht zur Teilung ihrer Macht bereit waren. Sparta ging mit der Devise in den Krieg, den von Athen dominierten Staaten – also vor allem den Mitgliedern des Delisch-Attischen Seebundes – Autonomie und Freiheit zurückzugeben. Athens Kriegsziel bestand schlicht in der Bewahrung der bestehenden Verhältnisse.

Der Peloponnesische Krieg – diese aus der Antike stammende Bezeichnung hat sich eingebürgert, obwohl der Krieg einen weitaus größeren geografischen Radius als nur die Peloponnes hatte – dauerte insgesamt 27 Jahre. Fast die gesamte griechische Welt, von Kleinasien bis nach Sizilien, wurde in diese große Auseinandersetzung involviert. Die erste Phase, nach dem spartanischen König und Heerführer Archidamos „Archidamischer Krieg" genannt, erstreckte sich von 431 bis 421 v. Chr. Gemäß dem offensiven Kriegsziel Spartas waren es auch die Spartaner, die in dieser Zeit die militärische Initiative ergriffen. Jahr für Jahr unternahmen sie Einfälle nach Attika. Perikles verordnete den Athenern eine defensive Strategie, vermied direkte Konfrontationen und zog die gesamte Bevölkerung von Attika hinter den Mauern von Athen und der Hafenstadt Piräus zusammen. Die Spartaner verwüsteten währenddessen die Felder. Dann brach in Athen eine Seuche aus, viele der auf engem Raum zusammengepferchten Menschen starben einen qualvollen Tod – unter ihnen 429 v. Chr. auch Perikles, der starke Mann der athenischen Politik. Sein Tod führte zu einem Kurswechsel in der athenischen Kriegsstrategie. Man ging nun

Spartanische Erziehungsmethoden

Die Spartaner waren berühmt-berüchtigt für die Methoden, mit denen sie junge Männer und Frauen auf ihre spätere Rolle in der Gesellschaft vorbereiteten. So übernahm der Staat, ungewöhnlich für die griechische Welt, auch die Erziehung der Mädchen. Die ganze Aufmerksamkeit aber galt der Ausbildung der Jungen, die man für die Anforderungen des spartanischen Kriegerstaates wappnen wollte. Im Alter von sieben Jahren kamen sie nach einer strengen Prüfung ihrer körperlichen Tauglichkeit aus der Obhut der Eltern in staatliche Erziehungsgemeinschaften. Hier hatten sie sich mit Gleichaltrigen an ein hartes, entbehrungsreiches Leben zu gewöhnen. Um die karge Verpflegung aufzubessern, war Diebstahl gestattet, der nur dann bestraft wurde, wenn man dabei gefasst wurde. Die Ausbildung

Gymnastische Übungen der spartanischen Jugend (nachkolorierter Holzstich, nach einer Zeichnung von Philipp Grotjohann, um 1880)

war mit dem Erreichen des 18. Lebensjahres abgeschlossen. Aber auch danach gab es kein Privatleben: Nun wurden die jungen Männer in Syssitien genannten Tischgemeinschaften kaserniert.

deutlich offensiver vor und errang auch einige Erfolge, aber ohne eine Entscheidung herbeiführen zu können.

Weil sich die Kontrahenten praktisch gegenseitig neutralisierten, kam es nach zehn Jahren Krieg zu einem Übereinkommen, das man nach dem athenischen Verhandlungsführer als „Nikiasfrieden" bezeichnet. Diese Phase, die von 421 bis 415 v. Chr. andauerte, als Friedenszeit zu bezeichnen, wäre jedoch eine Übertreibung. Weder wollten beide Seiten ernsthaft auf eine Fortsetzung des Krieges verzichten, noch war diese Phase gänzlich frei von militärischen Auseinandersetzungen.

So war es kein Wunder, dass nach sechs Jahren trügerischer Ruhe der Krieg wieder ausbrach. Auslöser war eine waghalsige Flottenexpedition der Athener nach Sizilien. Ziel war die reiche Griechenstadt Syrakus. Ihre Unterwerfung sollte nach den Vorstellungen der athenischen Strategen – allen voran des einflussreichen Staatsmanns Alkibiades – Auftakt zu weiteren Eroberungen im westlichen Mittelmeerraum werden. Das Abenteuer endete jedoch in einem Fiasko. Die unter anderem von Sparta unterstützten Syrakuser bereiteten den athenischen Soldaten eine vernichtende Niederlage. Wer nicht getötet wurde, musste als Gefangener in den berüchtigten syrakusischen Bergwerken Zwangsarbeit leisten.

Die gescheiterte Expedition der Athener nach Sizilien war der Wendepunkt im Peloponnesischen Krieg. Der Stern Athens war nach dem verlustreichen, demoralisierenden Unternehmen im Westen am Sinken. In einer letzten Kriegsphase konzentrierte sich das militärische Geschehen zum einen auf die Westküste Kleinasiens, zum anderen auf Attika. Hier, vor der Haustür der Stadt Athen, führten die Spartaner von der Festung Dekeleia aus ihre finalen Angriffe.

Lysander lässt die Mauern von Athen einreissen.

Der spartanische Feldherr Lysander lässt die Mauern von Athen niederreißen (kolorierte Kreidelithografie von R. Weibezahl, 1832).

Das Ende kam im Jahre 404 v. Chr. Die Athener mussten kapitulieren. Als strahlender Sieger präsentierte ihnen der spartanische Feldherr Lysander die harten Friedensbedingungen: Die Mauern der Stadt wurden eingerissen, Athen hatte seine Flotte an die Gegner auszuliefern, man hatte die auswärtigen Besitzungen zu räumen und die Hegemonie Spartas anzuerkennen. Der Delisch-Attische Seebund wurde aufgelöst. Vorübergehend wurde auf spartanischen Druck hin auch die demokratische Ordnung in Athen abgeschafft, kurze Zeit später jedoch wieder ins Leben gerufen.

Athens ganz große Zeit war mit der Niederlage im Peloponnesischen Krieg zu Ende. Sparta durfte sich Sieger nennen. Jedoch hatte es den Krieg letztlich nur dank finanzieller Unterstützung aus Persien gewonnen. Am Hof des Großkönigs war man zu der praktischen Einsicht gelangt, in Griechenland mehr bewirken zu können, wenn man statt Waffen Geld sprechen ließe. Man fürchtete die Seemacht Athen mehr als die Landmacht Sparta und half deswegen den Spartanern.

Tatsächlich war Sparta mit seiner neuen Führungsrolle überfordert. Anders als zuvor Athen hatte man weder die Mittel noch die Erfahrungen, um sich in Kleinasien effizient um die dortigen Griechenstädte zu kümmern. Durch den Ausfall der Ordnungsmächte Sparta und Athen breitete sich in Griechenland ein Machtvakuum aus, von dem ein paar Jahrzehnte später das Königreich Makedonien mit seinen prominenten Vertretern Philipp II. und Alexander dem Großen zu profitieren verstand.

Der Feldzug Alexanders des Großen

- ▨ Reich Alexanders des Großen
- ➔ Zug Alexanders des Großen
- ◀┈┈ Seeroute des Nearchos (325 v. Chr.)
- ═══ Persische Königsstraße

Alexander der Große

Alexander der Große war ein Herrscher der Superlative. Niemals zuvor und niemals danach hat ein Heerführer in jüngeren Jahren in kürzerer Zeit ein größeres Reich erobert. 356 v. Chr. geboren, war der König der Makedonen gerade einmal 22 Jahre alt, als er vom heimatlichen Pella aus Richtung Asien zog. 331 v. Chr. war er in Ägypten, 325 v. Chr. stand er am Indus. 323 v. Chr. starb er, keine 33 Jahre alt, in Babylon in Mesopotamien.

Alexander war der Sohn Philipps II. von Makedonien. Dieser hatte während seiner Herrschaft konsequent die

Chancen genutzt, die sich in der griechischen Welt aus dem Machtvakuum nach dem Peloponnesischen Krieg zwischen Athen und Sparta ergaben. Die Makedonen, sprachlich und ethnisch mit den Griechen verwandt, hatten in der internationalen Politik lange Zeit nur die Rolle der Zuschauer gespielt. Aus der Sicht der Griechen waren sie rückständig und provinziell, hatten sie doch noch einen König, während es in den griechischen Stadtstaaten schon längst Demokratien oder wenigstens Oligarchien gab, und überließen es einer archaisch anmutenden Heeresversammlung, politisch wichtige Entscheidungen zu treffen.

junge König einen Feldzug nach Kleinasien an. Das war nicht seine eigene Idee gewesen. Schon sein Vater hatte, um Akzeptanz bei den Griechen zu gewinnen, den Plan der Befreiung der kleinasiatischen Griechenstädte von der persischen Herrschaft propagiert. Mit 30 000 Soldaten und einem großen Gefolge überquerte Alexander die Dardanellen und betrat den Boden Kleinasiens in der Nähe des alten Troja. Am Fluss Granikos fand noch 334 v. Chr. die erste große Schlacht statt. Ohne große Mühe besiegte Alexanders Armee das Aufgebot des persischen Satrapen Memnon. Danach war der Weg frei zu den griechischen Städten an der Westküste. Alexander vertrieb die persischen Besatzungen und setzte eigene Dynasten ein.

Damit war der eigentliche Zweck des Feldzugs erfüllt. Doch Alexander hatte noch mehr vor. Den folgenden Winter verbrachte er im Herzen Anatoliens, in der alten phrygischen Königsstadt Gordion. Hier durchtrennte er angeblich den „Gordischen Knoten", der Deichsel und Joch eines Königswagens miteinander verband. Weil damit ein Orakel verbunden war, wonach demjenigen, der diese Aufgabe erfüllen könne, die Herrschaft über Asien zufallen werde, soll Alexander den Knoten kurzerhand mit dem Schwert zerschlagen haben, anstatt ihn wie vorgesehen zu lösen.

Bei Issos im heutigen türkisch-syrischen Grenzgebiet stellte sich 333 v. Chr. der persische Großkönig Dareios III. dem scheinbar unaufhaltsam vorwärts marschierenden Heer aus dem Westen. Denn nun hatte man auch in der persischen Reichszentrale erkannt, dass Alexander eine ernst zu nehmende Gefahr darstellte. Doch wieder trug er den Sieg davon.

Spätestens jetzt war klar, dass Alexander weitreichende Pläne hatte. Der Makedone sagte den Persern den Kampf an, jener antiken Supermacht, deren Herrschaftsbereich sich im Osten bis nach Indien erstreckte und die einst ihrerseits versucht hatte, die Griechen zu unterwerfen.

Bevor Alexander weiter Richtung Osten zog, machte er einen Abstecher nach Phönizien, Syrien, Palästina und schließlich nach Ägypten. Das Land am Nil war für ihn aus zwei Gründen wichtig. Erstens stand es unter persischer Herrschaft und war daher Bestandteil seines Plans, das Reich der Achämeniden in seiner Gesamt-

Philipp II., 359 v. Chr. nach dem Tod seines Bruders auf den Thron gekommen, betrieb eine ausgesprochen expansive Außenpolitik, gestützt auf eine starke Armee und die reichen wirtschaftlichen Ressourcen des Landes. Bald befanden sich große Teile Griechenlands unter der Kontrolle der Makedonen. 338 v. Chr. wurde Chaironeia in Böotien Schauplatz der entscheidenden Schlacht. Hier gelang der makedonischen Armee ein triumphaler Sieg gegen eine von Athen und Theben angeführte Koalition griechischer Städte. Das Ende der griechischen Freiheit wurde durch die Gründung des Korinthischen Bundes besiegelt, eines Militärbündnisses, an dessen Spitze Philipp II. höchstpersönlich stand.

336 v. Chr. wurde Philipp II. während der Hochzeitsfeier seiner Tochter Kleopatra in aller Öffentlichkeit Opfer eines Attentats. Die Nachfolge trat sein damals 20-jähriger Sohn Alexander an. Nur zwei Jahre später führte der

Im Rahmen der Massenhochzeit von Susa nimmt Alexander der Große Stateira, eine Tochter des früheren persischen Großkönigs Dareios III., zur Frau (kolorierter Holzstich nach einem Gemälde von Andreas Müller, 1870).

heit zu unterwerfen. Zweitens galt es schon damals als Zauber- und Wunderland, das Alexander vermutlich mit eigenen Augen sehen wollte. In der alten Königsstadt Memphis ließ er sich 332 v. Chr. zum Pharao krönen und stellte damit seine Absicht unter Beweis, die vorgefundenen Herrschaftsstrukturen zu übernehmen. 331 v. Chr. gründete er mit der heutigen Millionenstadt Alexandria eine von vielen Städten, die zur Sicherung der eroberten Gebiete dienten. In der Oase Siwa besuchte er das Heiligtum des Gottes Amun, den die Griechen mit ihrem obersten Gott Zeus identifizierten. Als er den Tempel verließ, ließ er die Nachricht verbreiten, die dortigen Priester hätten ihn als Sohn des Gottes begrüßt. Das war kein ungeschickter Schachzug, waren

die Ägypter doch von alters her daran gewöhnt, in ihrem Herrscher auch einen Gott zu sehen.

Nach der Eroberung des Vorderen Orients lenkte Alexander sein Heer unverzüglich Richtung Osten, in das Herz des Perserreiches. 331 v. Chr. fand bei Gaugamela am Tigris die letzte der drei großen Schlachten zwischen Makedonen und Persern statt. Erneut siegte Alexander, Dareios III. ergriff die Flucht. Nun war der Weg frei zu den Residenzen der Perserkönige – zunächst Susa, wo ihm auch der sagenhafte Königsschatz in die Hände fiel, dann Persepolis, Pasargadai und Ekbatana. Der prächtige Palast von Persepolis wurde auf Anordnung Alexanders in Brand gesteckt und teilweise zerstört, angeblich um Rache zu nehmen für den von den Persern 149 Jahre zuvor verursachten Brand der Akropolis von Athen. Auch weit entfernt von der Heimat war Alexander auf die Wirkung bedacht, die seine Taten bei den Griechen hervorrufen sollten.

Faktisch war Alexander jetzt auch Herrscher über das Reich der Perser. Allerdings war der rechtmäßige König Dareios III. immer noch am Leben. Der glücklose Monarch war in den Nordosten des Reiches geflohen, in der Hoffnung, dort noch einmal neue Kräfte sammeln zu können. Doch er fiel dem persischen Prinzip zum Opfer, dass ein Herrscher vieles sein durfte, nur nicht erfolglos. Und so wurde Dareios noch 330 v. Chr. von einem Verwandten namens Bessos, dem Satrapen von Baktrien, ermordet.

Der Anspruch des Bessos auf den Königstitel war für Alexander der offizielle Grund, den Zug nun in Richtung Nordosten fortzusetzen. Jedoch war dies nur ein Vorwand, denn auch nach Bessos' Tod wurde der Vormarsch nicht gestoppt. Im Gegenteil: Alexander trieb sein Heer durch Baktrien und Sogdiana, etwa das Gebiet des heutigen Afghanistan, Kurdistan und Usbekistan. Sogar das Hochgebirge des Hindukusch stellte für den Herrscher aus dem Westen kein Hindernis dar, für den das Erobern und das Überwinden aller Grenzen nun zum Prinzip wurde.

Ein Zeichen der besonderen Art setzte Alexander 327 v. Chr., als er die baktrische Königstochter Roxane heiratete. Diese Verbindung sollte Alexanders neue Strategie symbolisieren, nach den vielen Kriegen und Schlachten nicht mehr auf Konfrontation, sondern auf Kooperation und Integration zu setzen. Auch wurden viele Posten in Militär und Administration von einheimischen Iranern besetzt. Entgegen der heute beliebten Darstellung stand dahinter allerdings weniger die Vision einer kulturellen Einheit, einer Symbiose von Okzident und Orient. Vielmehr waren hierfür ganz praktische Gründe ausschlaggebend. Denn Alexander hatte einfach nicht genügend eigenes Personal für die Bürokratie der Perser. So nutzte er den vorhandenen Sachverstand und gab den Unterworfenen zudem das Gefühl, gebraucht zu werden.

In der letzten Phase des Feldzuges, die von 327 bis 325 v. Chr. andauerte, war Alexander nicht mehr als Eroberer, sondern nur noch als Entdecker unterwegs. Ihn lockten die Reichtümer und Wunder Indiens und vor allem das „Ende der Welt". Wie die meisten Zeitgenossen, so ging auch er von der Vorstellung aus, die Erde sei eine Scheibe, umgeben von dem großen, unendlichen Ozean. Alexander wollte so lange weiter nach Osten ziehen, bis keine Landmasse mehr sichtbar war. Doch als man den Indus erreicht hatte, traten die ermatteten, von 18.000 Kilometern zurückgelegter Strecke und 40 Tage Monsunregen demoralisierten Soldaten in den Streik und verlangten die sofortige Rückkehr.

In einem äußerst beschwerlichen und verlustreichen Gewaltmarsch durch die Gedrosische Wüste gelangte die Expedition wieder nach Susa. Hier inszenierte Alexander die „Massenhochzeit von Susa" als ein weiteres Zeichen der Annäherung zwischen West und Ost. Tausende seiner makedonischen Mitstreiter heirateten in einer pompösen, mehrtägigen Zeremonie einheimische Frauen. Er selbst nahm zusätzlich zu Roxane mit Stateira eine Tochter von Dareios III. und mit Parysatis eine weitere persische Adlige zur Frau.

Weitere Pläne, wie ein Feldzug nach Arabien, kamen nicht mehr zur Ausführung. Am 10. Juni 323 v. Chr. starb Alexander, dem römische Bewunderer später den Beinamen „der Große" gaben, im Alter von 32 Jahren in Babylon. Ein Leben der Superlative hatte seinen frühen Tribut gefordert.

Die Gründung von Alexandria

Während seines Aufenthaltes in Ägypten gründete Alexander der Große 331 v. Chr. die Stadt Alexandria. Der Eroberer aus Makedonien wählte dafür einen Platz an der westlichen Nilmündung, zwischen dem Mittelmeer und der Mareotissee. Die Umrisse der praktisch auf der grünen Wiese angelegten Stadt sollten nach dem Willen Alexanders die Form eines makedonischen Königsmantels haben. Die vorgelagerte Halbinsel Pharos, auf der später der Prototyp aller antiken Leuchttürme errichtet wurde, verband er über einen Damm mit dem Festland, sodass ein Doppelhafen entstand. Als erste Bewohner wurden Veteranen und einheimische Ägypter aus den umliegenden Dörfern angesiedelt. Unter den Ptolemäern, die sich in den Kämpfen nach dem Tod Alexanders Ägypten gesichert hatten, wurde Alexandria Hauptstadt mit einer Bevölkerungszahl, die bald die Millionengrenze überschritt. Die Ptolemäer waren es auch, die den Leichnam Alexanders in die von ihm gegründete Stadt überführten. Bis heute ist es nicht gelungen, das Grab unter dem Häusermeer der ägyptischen Metropole zu entdecken.

Die hellenistischen Königreiche

Nach dem überraschenden Tod Alexanders des Großen 323 v. Chr. herrschte bezüglich der Zukunft des von ihm eroberten Riesenreiches zunächst allgemeine Ratlosigkeit. Weder hatte der König Anweisungen hinterlassen, noch gab es in seiner Familie ernsthafte Kandidaten für die Nachfolge. In der Not verfiel man im Umkreis seiner ehemaligen Mitstreiter sogar auf die Idee, das Kind, das seine Frau Roxane erwartete, zum Herrscher zu ernennen.

Als dieses Kind dann unter dem Namen Alexander IV. zur Welt kam, waren die Karten schon neu gemischt worden. Es begann die turbulente Zeit der Diadochenkriege. Mit den Diadochen (das griechische Wort für „Nachfolger") waren die Generäle und Weggefährten Alexanders gemeint, die den König auf seinem großen Feldzug begleitet hatten. Die Auseinandersetzungen dauerten mehrere Jahrzehnte und fanden erst 281 v. Chr. ihren Abschluss. Beteiligt waren nicht nur die Männer der ersten Stunde. Vielmehr wurden die Kriege auch von der zweiten und sogar dritten Generation fortgeführt.

Im Kern ging es bei diesen Konflikten um eine Verteilung der Macht. Alle Diadochen hatten das Ziel, die Herrschaft über das Reich Alexanders des Großen, also ein Gebiet von Griechenland bis nach Indien, für sich zu gewinnen. So mobilisierten sie die ihnen loyalen Armeen und zogen nun, nachdem sie zuvor Seite an Seite für Alexander gekämpft hatten, gegeneinander in den Krieg. Bald zeigte es sich, dass angesichts so vieler Interessenten die Wahrung der Reichseinheit nicht mehr zu realisieren war. Statt um das Ganze ging es nur noch darum, möglichst viel zu bekommen.

So erstritten sich die Diadochen in vielen Schlachten aus der Restmasse des Alexanderreiches einzelne Territorien, die sie zu ihren Herrschaftsbereichen erklärten. 281 v. Chr., nach der Schlacht im anatolischen Kurupedion, waren die Würfel gefallen. Nun bildeten sich auf dem Boden des einst von Alexander eroberten Gebietes drei große und im weiteren Verlauf eine Reihe kleinerer Territorialstaaten aus. Heute wird die Gesamtheit dieser neuen Staaten als „die hellenistische Welt" bezeichnet. Bei dieser Namensgebung stand im 19. Jahrhundert der

Historiker Johann Gustav Droysen Pate. Er wählte diese Epochenbezeichnung in Abgrenzung zur vorhergehenden „klassischen" Periode der griechischen Geschichte.

Bei den drei hellenistischen Großreichen handelte es sich um Makedonien, Ägypten und Syrien. Regiert wurden sie alle von Königen griechischer bzw. makedonischer Herkunft. Diese Monarchien waren erblich, und so blieben die Königreiche über die gesamte Zeit ihres

Die hellenistischen Großreiche nach den Diadochenkriegen

- Römisches Herrschaftsgebiet 268 v. Chr.
- Antigonidenreich
- Seleukidenreich
- Ptolemäerreich
- Machtgebiet Karthagos
- ⊗ Schlachten Alexanders des Großen
- ✕ Sonstige Schlachten

Map labels:

Tanais · Olbia · Tyras · Pantikapäon · Theodosia · Chersonesos · Kallatis · BOSPORANISCHES REICH · Schwarzes Meer · Karpaten · Geten · Donau · Sinope · Kotyora · Trapezunt · Amisos · Kerasus · Kaukasus · Komana · PONTOS · Ankyra · Halys · ARMENIEN · ATROPATENE · Thospitis L. · Matianus L. · Hebros · rakien · Byzanz · Heraklea · Philippi · Lysimachia · Thasos · Ilion · äis · Granikos · 334 · Lesbos · Pergamon · Ipsos · Mazaka · Gaugamela · MEDIEN · Kurupedion · Sardes · 301 · KAPPADOKIEN · Mygdonien · Arbela · 331 · hen · 281 · Chios · PHRYGIEN · 333 · Samosata · MESOPOTAMIEN · Ekbatana (Hamadan) · Ephesos · Kilikien · Issos · Taurus · Seleukeia · Antiochia · Euphrat · Tigris · Naxos · Apamea · Palmyra · ykladen · Rhodos · Dura-Europos · Seleukia · Susa · Rhodos · Salamis · SYRIEN · Babylon · Karpathos · Zypern · Kreta · Syrische Wüste · Sidon · Damaskus · Tyros · Panion (?) · Ptolemais (Akko) · Jerusalem · Gaza · Totes Meer · ARABIEN · Raphia · Alexandria · Petra · ÄGYPTEN · Memphis · Arsinoë · Sinai · Nabatäer · Oase Siwa · Teima · Östliche Wüste · Rotes Meer · Nilus · Ptolemaïs · Leukos-Limen · Koptos

Bestehens in den Händen fester Dynastien. Im Stammland Makedonien waren dies die Antigoniden, benannt nach dem Diadochen Antigonos. In Ägypten herrschten die Ptolemäer, deren erster Vertreter Ptolemaios ein enger Vertrauter Alexanders des Großen gewesen war. Syrien und weitere Teile Vorderasiens sicherten sich die Seleukiden, eine Familie, die sich auf einen verdienten Heerführer Alexanders des Großen berief.

Die Ptolemäer hatten mit Ägypten das beste Los gezogen. Das Land am Nil, das früher von großen Pharaonen wie Cheops, Amenophis III. und Ramses II. regiert worden war, bot dank seiner reichen Ressourcen beste wirtschaftliche Bedingungen. Insbesondere war der Export von Papyrus, auf den das Land ein Monopol hatte, ein lukratives Geschäft. Denn die meisten antiken Texte wurden auf diesem Beschreibstoff verfasst, der aus der im Nildelta wachsenden Papyrusstaude gewonnen wurde. Viel Geld floss auch aufgrund des Handels mit Getreide ins Land, denn auch unter den Ptolemäern wahrte Ägypten seine traditionelle Funktion als eine der Kornkammern der Mittelmeerwelt. Außerdem knüpften die neuen Herrscher an die im Lande seit ewigen Zeiten verankerte Praxis des Zentralismus und der Bürokratisierung an. Alle Fäden der Macht liefen in der Hauptstadt Alexandria zusammen, die einst von Alexander dem Großen persönlich gegründet worden war und sich unter den Ptolemäern zu einer Millionenmetropole entwickelte.

Genauso wie die alten Pharaonen erhoben die griechisch-makedonischen Könige den Anspruch, dass alles Land Königsland und damit ihr persönliches Eigentum sei. Daher versuchten sie so viel Ertrag wie möglich aus dem Land herauszuholen. Ihre Fantasie bei der Erfindung neuer Steuern sorgte ebenfalls dafür, dass die Kassen immer voll waren. Die Kehrseite der Medaille: Die Ptolemäer und ihre überwiegend mit Griechen und Makedonen besetzte Verwaltung genossen bei der einheimischen ägyptischen Bevölkerung keine großen Sympathien.

Die Seleukiden hatten bei den Verteilungskämpfen der Diadochenzeit den territorial größten Anteil am ehemaligen Alexanderreich erworben. Anfangs umfasste ihr

Roxane, die Witwe Alexanders des Großen, mit ihrem Sohn Alexander IV. Aigos und dem General Eumenes, der in die Nachfolgekämpfe um Alexanders Riesenreich verwickelt war (Gemälde von Padovanino, eigentlich Alessandro Varotari, 1620). In der Zeit der Diadochenkriege wurden Roxane und Alexander IV. ermordet.

Kleopatra VII., die letzte ptolemäische Königin in Ägypten (Reliefbildnis um 40 v. Chr.)

Herrschaftsgebiet einen Raum, der sich von Syrien bis nach Indien erstreckte, unter Einbeziehung aller asiatischen Gebiete, die Alexander der Große erobert hatte. Von Anfang an hatten die Seleukiden Schwierigkeiten, diese ethnisch und kulturell so vielfältigen und unterschiedlichen Landschaften unter Kontrolle zu bringen. Die Neigung aller hellenistischen Könige, in Politik, Gesellschaft und Wirtschaft weniger die Einheimischen als vielmehr die griechischen Eliten mit der Verantwortung zu betrauen, war bei den Seleukiden besonders ausgeprägt – auch wenn sie schon vor dem Hintergrund der zur Verfügung stehenden personellen Kapazitäten nicht völlig auf einheimischen Sachverstand verzichten konnten.

Die Folge waren Aufstände, die dazu führten, dass das Reich der Seleukiden immer weiter dezimiert wurde. Schon gegen Ende des 3. Jahrhunderts v. Chr. bestand es nur noch aus den Kerngebieten Syrien, Phönizien und Mesopotamien. Von ihren Residenzen in Antiochia (heute Antakya im Südosten der Türkei) und Seleukia am Tigris aus spielten die Monarchen trotz der Gebietsverluste lange Zeit eine prominente Rolle in der hellenistischen Welt.

Die Antigoniden herrschten über Makedonien und Griechenland und damit praktisch über die Heimat, von der aus die Griechen seit Alexander den Schritt in die große weite Welt des Orients unternommen hatten. Der wichtigste Unterschied zu den beiden anderen hellenistischen Großreichen bestand denn auch darin, dass hier nicht fremde Könige über eine indigene Bevölkerung herrschten, sondern Makedonen und Griechen unter sich blieben. Im Prinzip gestalteten sich die politischen Koordinaten im Reich der Antigoniden nicht anders als zu den Zeiten Philipps II. und Alexanders. Allerdings gab es immer wieder Probleme mit den Griechen, deren Begeisterung über die Herrschaft der Makedonen sich in Grenzen hielt. So kam es zur Bildung von überregionalen politischen Allianzen wie dem Aitolischen Bund und dem Achäischen Bund. Jedoch waren diese nicht in der Lage, die makedonische Herrschaft ernsthaft in Gefahr zu bringen.

Kleinere, gleichwohl nicht unbedeutende Herrschaftsbereiche entstanden vor allem in Kleinasien. Hier hatte sich keiner der Diadochen durchsetzen können. Von dem auf diese Weise entstandenen Machtvakuum profitierte insbesondere die Stadt Pergamon, die unter der Dynastie der Attaliden seit der ersten Hälfte des 3. Jahrhunderts v. Chr. zum Mittelpunkt eines eher kulturell als politisch bedeutsamen Reiches im nordwestlichen Kleinasien wurde. Weitere Staaten unter griechisch-makedonischer Führung entstanden in Bithynien, Pontos, Kappadokien und Kommagene. Im mittleren Asien füllte das Graeco-Baktrische Königreich (im heutigen Afghanistan) die Lücke, die durch den Rückzug der Seleukiden entstanden war.

Bis zum Ende des 3. Jahrhunderts v. Chr. waren die politischen Beziehungen zwischen den hellenistischen Königreichen von Rivalität, häufig auch von Kriegshandlungen geprägt. Meistens ging es dabei um Grenzkonflikte, wie in den Auseinandersetzungen zwischen Seleukiden und Ptolemäern um den Besitz von Südsyrien und Palästina. Das Erbe der Diadochenzeit, als es darum gegangen war, die Hinterlassenschaft Alexanders des Großen zu verteilen, wirkte auch im Rahmen einer politisch konsolidierten Staatenwelt weiter fort.

Es war diese Uneinigkeit der Könige, die es den expandierenden Römern ab 200 v. Chr. ermöglichte, die hellenistischen Reiche nacheinander zu unterwerfen – erst die Makedonen (168 v. Chr. militärisch besiegt, 146 v. Chr. als römische Provinz organisiert), dann die Seleukiden (64 v. Chr.) und schließlich (30 v. Chr.) die Ptolemäer mit ihrer letzten Herrscherin, der berühmten Kleopatra VII. Zugute kam den neuen Herren aus dem Westen dabei, dass die Könige lieber die Konkurrenten untergehen sahen, als eine gemeinsame Strategie gegen die Römer zu entwickeln.

Rom und Karthago

Der Konflikt zwischen Rom und Karthago war einer der schwersten und folgenreichsten zwischen zwei antiken Großmächten. Die Kriege, in denen er sich äußerte, sind als „Punische Kriege" in die Geschichte eingegangen.

„Punisch" heißen die Kriege deswegen, weil die Römer ihre Gegner als „Punier" bezeichneten – das lateinische Wort für „Phönizier". Dieser Name beweist, dass sich die Römer über die Herkunft ihres Gegners absolut im Kla-

ren waren. Zwar lag Karthago in Nordafrika, im heutigen Tunesien. Doch die Stadt war am Ende des 9. Jahrhunderts v. Chr. von phönizischen Seeleuten aus Tyros (im heutigen Libanon) gegründet worden. Insofern konnte man die Karthager auch mit Fug und Recht als Phönizier bezeichnen.

Insgesamt gab es drei Punische Kriege. Der erste dauerte von 264 bis 241 v. Chr. Bis zu diesem Zeitpunkt war es zwischen den beiden Kontrahenten zu keinen ernsthaften Auseinandersetzungen gekommen. Vielmehr hatte es in der Vergangenheit einige vertragliche Vereinbarungen gegeben. Karthago war die unangefochtene Führungsmacht im westlichen Mittelmeerraum. Die von Adligen geführte nordafrikanische Republik beherrschte

Der Erste und der Zweite Punische Krieg

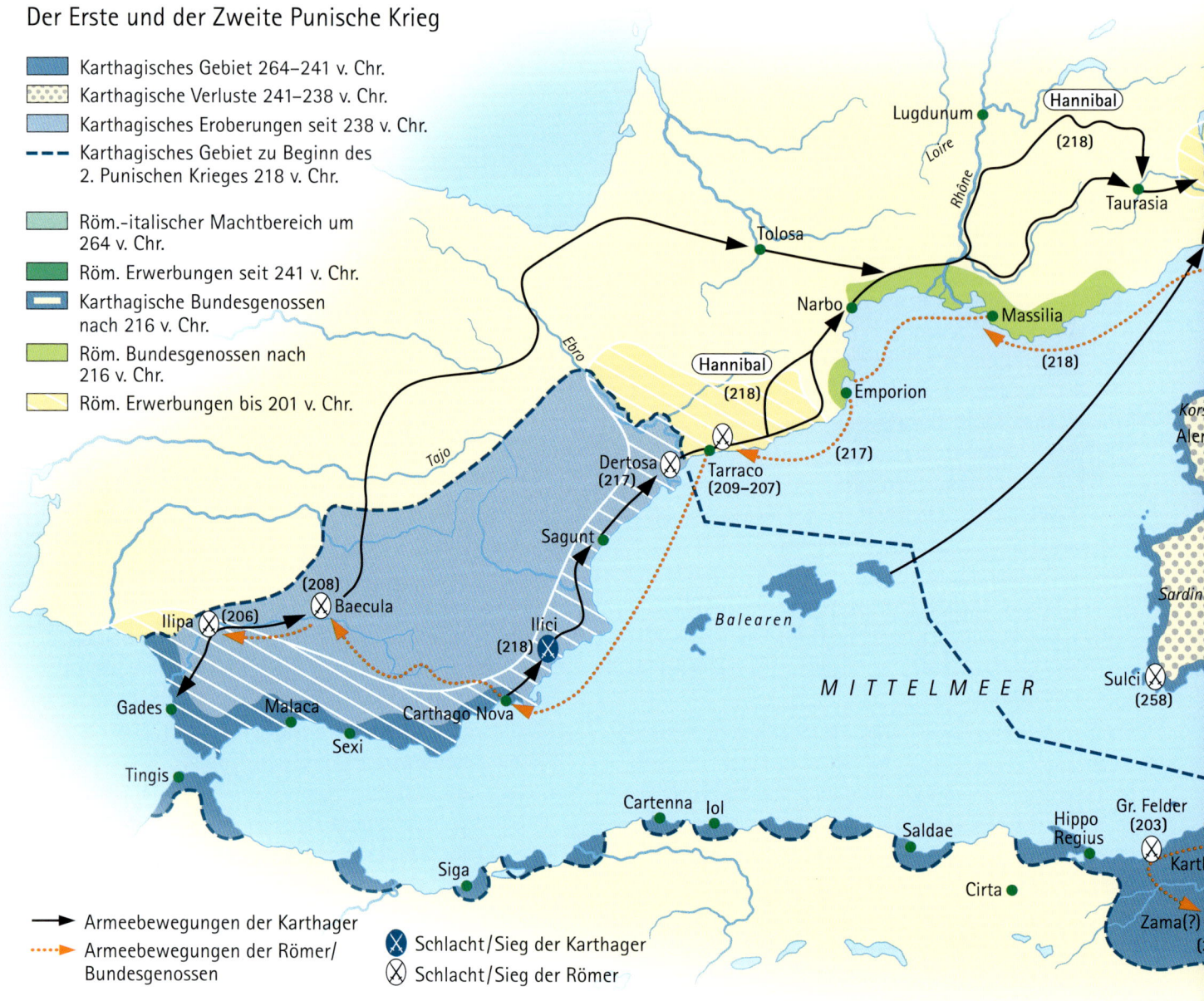

mit ihrer Flotte weite Teile des westlichen Mittelmeerraumes. Rom, ebenfalls aristokratisch regiert, hatte sich im Verlauf des 4. Jahrhunderts v. Chr. zur Vormacht in Italien entwickelt. Die Städte und Völker Italiens waren mit einem ausgeklügelten System von Verträgen, das sie zu Tributzahlungen und Militärdienst verpflichtete, an Rom gebunden worden.

Anlass des Ersten Punischen Krieges war, wie so oft bei großen Kriegen in der Geschichte, ein lokaler Konflikt. Eine aus Kampanien vertriebene Söldnertruppe hatte die Stadt Messana (Messina) auf Sizilien eingenommen, war daraufhin von König Hieron II. von Syrakus bedroht

worden und hatte sich an Karthago, das den größten Teil der Insel kontrollierte, um Hilfe gewandt. Die Karthager leisteten dem Gesuch Folge, doch als sie kamen, wurden sie von den Söldnern wieder fortgeschickt. Nun belagerten Syrakusaner und Karthager gemeinsam die Stadt.

In ihrer Bedrängnis baten die Söldner den Senat in Rom um Unterstützung. Die Römer zögerten, hatten sie sich bis dahin doch noch nie außerhalb Italiens militärisch engagiert. Zudem bestand das Risiko einer Auseinandersetzung mit der Großmacht Karthago. Dennoch gab der Senat grünes Licht, denn Rom war inzwischen selbst zu einer bedeutenden politischen Macht geworden. Eine Weigerung hätte einen Verlust an Prestige bei den Bundesgenossen in Italien bedeutet. Eine Großmacht, die nicht half, wenn man sie rief, war nach antiken Kategorien keine wirkliche Großmacht. So schickte Rom im Jahre 264 v. Chr. ein Hilfskontingent über die Straße von Messina.

Keiner rechnete damals mit einem Krieg von 23 Jahren Dauer. Auch nicht die Karthager, die im Übergreifen der Römer auf Sizilien eine Gefährdung ihrer eigenen Führungsrolle auf der Insel sahen. So begann der eigentlich ungeplante Kampf der beiden Mächte und entwickelte schon bald eine Eigendynamik, die dazu führte, dass der Erste Punische Krieg unter den Kriegen der Antike eine besondere Rolle einnimmt.

Entscheidend für den letztlichen Sieg der Römer war die Tatsache, dass sie die maritime Überlegenheit der Karthager durch den Bau einer eigenen Flotte ausgleichen konnten. Als Meister der Anpassung an veränderte Verhältnisse kompensierten sie den Nachteil ihrer Unerfahrenheit in Seeschlachten dadurch, dass sie sie wie Landschlachten führten: Die Soldaten zogen die gegnerischen Schiffe mit Enterhaken heran und stürmten dann an Deck. Schon 260 v. Chr. konnte auf diese Weise bei Mylae an der Nordostküste Siziliens ein wichtiger Erfolg errungen werden. Jedoch gab es auch immer wieder Rückschläge. So gelang Rom 256 v. Chr. am Kap Eknomos wieder ein Sieg zur See, und infolgedessen machten sich 300 Schiffe auf den Weg Richtung afrikanisches Festland. Dort aber wurden die römischen Soldaten von den Söldnerheeren der Karthager vernichtend geschlagen.

Nach jahrelangem Ringen konnten die Römer 241 v. Chr. mit dem Seesieg bei den Ägatischen Inseln vor der

Westküste Siziliens den Krieg zu ihren Gunsten entscheiden. Sizilien ging in den Besitz der Römer über, das sie als eine „Provinz" konstituierten. Damit schufen sie einen Modellfall für alle weiteren Eroberungen außerhalb Italiens. Römische Herrschaft bedeutete für die unterworfenen Völker: Sie erhielten einen römischen Statthalter sowie römische Besatzungstruppen und mussten an die römische Staatskasse Steuern zahlen. Das gleiche Schicksal ereilte als Folge des Ersten Punischen Krieges andere Inseln des westlichen Mittelmeeres wie Korsika und Sardinien.

Karthago war jedoch nicht bereit, die neuen Machtverhältnisse zu akzeptieren. Insbesondere war es die Adelsfamilie der Barkiden, die nach einer Revision der Ergebnisse des Ersten Punischen Krieges strebte. Im südlichen Spanien, traditionell begehrt wegen seiner reichen Metallvorkommen, baute Hamilkar Barkas als Vertreter der expansiven Kräfte innerhalb der karthagischen Gesellschaft eine neue Machtbasis auf. Auch wenn dieser Schritt nicht direkt gegen Rom gerichtet, sondern als kommerzieller Ersatz für den Verlust Siziliens gedacht war, betrachtete der römische Senat ihn mit Argwohn. Dies umso mehr,

Wichtige Heeresrouten im Zweiten Punischen Krieg

als der Einfluss Roms inzwischen bis nach Südfrankreich reichte, wo man in der Stadt Massilia (Marseille) einen wichtigen Verbündeten hatte.

Heiß wurde der kalte Krieg, als 221 v. Chr. Hamilkars Sohn Hannibal an die Macht kam. Auslöser war ein Konflikt um die spanische Stadt Sagunt. Sie fühlte sich von Hannibal, der in Spanien weiter auf dem Vormarsch war, bedroht und rief Rom um Hilfe an. Nachdem Hannibal Sagunt erobert hatte, forderten die Römer seine Auslieferung. Als dies abgelehnt wurde, erklärten sie Karthago den Krieg.

Diesen Zweiten Punischen Krieg, der bis 201 v. Chr. dauerte, eröffnete Hannibal mit einem Überraschungscoup. Mit 50 000 Fußsoldaten und 10 000 Reitern, in der Mehrzahl Söldnern aus Nordafrika, sowie 40 Kriegselefanten zog er im Herbst 218 v. Chr. in einem spektakulären Unternehmen über die Alpen nach Italien, wohl über den Col du Clapier. Den konsternierten Römern bereitete er in rascher Folge verheerende Niederlagen, von denen sich die Schlacht bei Cannae 216 v. Chr. zu einem wahren Desaster entwickelte.

Entgegen den Befürchtungen der Römer verzichtete Hannibal darauf, nun die Hauptstadt Rom ins Visier zu nehmen. Seine an sich kluge Strategie bestand darin, die römischen Bundesgenossen in Italien auf seine Seite zu ziehen, um Rom zu isolieren und seiner Machtposition zu berauben. Doch der Plan ging nicht auf. Trotz verlockender Angebote Hannibals blieben Roms Partner auch deswegen loyal, weil der Senat so geschickt gewesen war, den Eliten die Mitwirkung an den politischen Geschäften zu ermöglichen.

So begann der Stern Hannibals allmählich zu sinken. Während er in Italien jahrelang seine zunehmend erfolgloser werdenden Bemühungen um die Bundesgenossen betrieb, wurden die Römer außerhalb Italiens aktiv. Unter dem Kommando des Publius Cornelius Scipio eroberten die Legionen das gesamte Herrschaftsgebiet der Karthager in Spanien. Hannibal kehrte 202 v. Chr. nach Afrika zurück und wurde im selben Jahr in der Schlacht von Zama von Scipio besiegt. Ein von Rom diktierter Frieden, der die Karthager zur Zahlung von Reparationen, der Auslieferung ihrer Flotte und der Führung von Kriegen nur mit ausdrücklicher römischer Genehmigung verpflichtete, beendete offiziell den Zweiten Punischen Krieg. Damit war der Wechsel vollzogen: Rom hatte Karthago als führende Macht im westlichen Mittelmeerraum

Die Schlacht von Cannae

Am 2. August 216 v. Chr. fand bei Cannae in Apulien eine Schlacht statt, die die Römer langfristig verunsicherte und Hannibal den Ruf eines genialen Feldherrn einbrachte. Dort traf der karthagische Feldherr auf ein römisches Aufgebot, das unter dem Kommando der beiden Konsuln Lucius Aemilius Paullus und Gaius Terentius Varro 86 000 Soldaten umfasste – acht komplette Legionen plus diverse Hilfstruppen. Ihr Ziel war es, Hannibal einen schweren militärischen Schlag zuzufügen und ihn aus Italien zu vertreiben. Sie erlitten jedoch eine katastrophale Niederlage. In einer von Militärstrategen zu allen Zeiten immer wieder studierten und kopierten Umfassungsschlacht ließ Hannibal dem Gegner keine Chance. Der Feldherr überließ dabei nichts dem Zufall: So achtete er darauf, dass seine Karthager während des Gefechts die Sonne im Rücken hatten. Nach dem Sieg rechneten alle mit einem Marsch auf Rom. Hannibals Offizier Maharbal wird von römischen Quellen der Spruch in den Mund gelegt: „In vier Tagen wirst du auf dem Kapitol als Sieger speisen." Hannibal aber hatte andere Pläne. Und so soll Maharbal das Urteil gefällt haben: „Zu siegen verstehst du, Hannibal, den Sieg zu nutzen, verstehst du nicht."

abgelöst und einen wesentlichen Schritt auf dem Weg zur Weltmacht unternommen.

Wie ein historischer Epilog wirkt der Dritte Punische Krieg, der von 149 bis 146 v. Chr. dauerte. Er endete mit der kompletten Zerstörung der Stadt Karthago durch die Römer, deren Oberbefehlshaber wieder ein Angehöriger der damals in Rom führenden Familie der Scipionen war. Begonnen hatte der Krieg, weil die Römer die politische und wirtschaftliche Erholung Karthagos in den Jahrzehnten nach dem Zweiten Punischen Krieg nervös gemacht hatte. Zu tief saß das Karthago-Trauma, das Hannibal den Senatoren mit seinem Zug über die Alpen und dem Sieg bei Cannae bereitet hatte. 146 v. Chr. nahmen die Römer das Territorium Karthagos in ihren Besitz und formten daraus die Provinz *Africa*.

Das Römische Reich

Hibernia

Mare
Germanicum

Mare
Suebicum

Britannia

Londinium

OCEANUS
ATLANTICUS

Rhenus

Germania

GERMANIA

Aug. Treverorum

Lugdunensis

Belgica

Liger

GALLIA

Castra Regina

Mare
Cantabricum

Aquitania

Lugdunum

Raetia

Noricum

Pannonia

Burdigala

Mediolanum

Aquileia

Dacia

Narbonensis

Singidunum

Massilia

Dalmatia

Illyricum

Danuvius

Tagus

Tarraconensis

ITALIA

Moesia

Lusitania

Toletum

Tarraco

Corsica

Ilva

Roma

Mare
Adriaticum

Thracia

HISPANIA

Mare
Tyrrhenum

Macedonia

Corduba

Sardinia

Baleares I.

Pergam

Baetica

Carthago Nova

Mare
Aegaeum

Mare
Ibericum

Mare
Ionium

Athenae

Ephesus

Tingitana

MAURETANIA

Messana

Sicilia

Achaia

Rho

Caesariensis

Numidia

Carthago

Syracusae

Creta

AFRICA

MARE INTERNUM

Cyrene

PROCONSULARIS

CYRENAÏCA

Das Römische Reich

 Zur Zeit seiner größten Ausdehnung unter Trajan (117 n. Chr.)

Am Ende der republikanischen Zeit

Zwischen Augustus und Trajan (14 bis 117 n. Chr.) hinzugewonnene Gebiete

Provinzgrenzen

Im 2. Jahrhundert n. Chr., zur Zeit der Herrschaft Kaiser Trajans (98–117), erreichte das römische Imperium die größte Ausdehnung seiner Geschichte. Von Spanien im Westen bis nach Mesopotamien, dem heutigen Irak, im Osten, von Afrika im Süden bis nach Britannien im Norden – überall war Rom mit seiner Kultur und seiner Zivilisation präsent.

60 bis 70 Millionen Menschen lebten damals schätzungsweise im Römischen Reich. Bei der Sicherung der mit Waffengewalt eroberten Gebiete und der Integration so vieler unterschiedlicher Ethnien und Mentalitäten in einem einzigen staatlichen Gebilde bewiesen

Regnum Bospori · *Pontus Euxinus* · Sinope · Pontus · Bithynia · antium · Galatia · Cappadocia · Pamphylia · Lycia · Cilicia · Cyprus · Antiochia · SYRIA · Palmyra · Phoenice · Damascus · Tyrus · Judaea · Hierosolyma · Alexandria · Petra · Memphis · ARABIA · AEGYPTUS · Nil · *Sinus Arabicus* · Thebae · Artaxata · Armenia · PARTHER-REICH · Assyria · MESOPOTAMIA · Tigris · Euphrat · Ctesiphon · Babylon

die Römer ein bemerkenswertes Geschick. Vor allem auch deswegen war das Imperium Romanum von einer Stabilität und Dauerhaftigkeit gekennzeichnet, die in der Antike ihresgleichen suchte.

Warum war ausgerechnet Rom zu einer Weltmacht geworden? Die Römer selbst interpretierten diesen Status im Rückblick als eine besondere Gunst der Götter. Ferner waren Mut und Disziplin nach ihrer Ansicht Faktoren, die sie vor allen anderen Völkern auszeichneten. Dementsprechend feierten sie sich als *Victor omnium gentium* – „Sieger über alle Völker". Gleichzeitig wehrten sie sich gegen den Vorwurf hemmungsloser Eroberungssucht. Rom hatte nach eigener Lesart nicht nach der Weltherrschaft gestrebt: Wenn man Krieg geführt hatte, dann nur deswegen, weil man sich selbst bedroht gefühlt habe oder weil man von Partnern um Hilfe gebeten worden sei. Und so sei am Ende eben ein globales Imperium entstanden.

Tatsächlich war die Geschichte des Römischen Reiches nicht von Anfang an die Geschichte einer imperialistischen Macht. Im 5. und 4. Jahrhundert v. Chr. entwickelte sich die von Aristokraten gemeinschaftlich regierte Stadt am Tiber zur Vormacht in Italien. In langwierigen Auseinandersetzungen, bei denen die Römer häufig die Angegriffenen waren, wurden die Kelten im Norden, die Bergstämme der Mitte und die Griechen in Süditalien unterworfen. Die römischen Bürgerheere, im Kriegsfall rekrutiert aus den freien Bauern, erwiesen sich trotz mancher Rückschläge den Gegnern am Ende als militärisch überlegen. Bilaterale Verträge mit den Besiegten bildeten die Grundlage für das römische Herrschaftssystem in Italien. Seine offizielle Bezeichnung lautete „Die Römer und ihre Bundesgenossen", wodurch der Vorrang Roms deutlich zum Ausdruck gebracht wurde.

Eine neue Phase der römischen Außenpolitik wurde im 3. Jahrhundert v. Chr. mit den „Punischen Kriegen" gegen Karthago eingeleitet. Rom war erfolgreich und löste Karthago als Führungsmacht im westlichen Mittelmeer ab. 201 v. Chr. unterzeichneten die Karthager als Abschluss des Zweiten Punischen Krieges den ihnen von Rom vorgelegten Friedensvertrag. Nur ein Jahr später stürzten sich die Römer in einen Krieg im Osten des Mittelmeeres. Gegner war König Philipp V. von Makedo-

Römer und Germanen

„Gleich nach dem Schlaf, den sie oft genug bis in den Tag ausdehnen, waschen sie sich, meist mit warmem Wasser, da bei ihnen der Winter den größten Teil des Jahres ausfüllt. Nach dem Waschen nehmen sie ihr Frühstück ein … Dann begeben sie sich an ihre Geschäfte, nicht weniger oft auch zu Gelagen, und zwar in Waffen. Tag und Nacht einmal hintereinander beim Trunk zu verbringen, wird keinem übel genommen. Wie es bei trunkenen Menschen üblich ist, kommt es häufig zu Streitigkeiten, die manchmal mit gegenseitigen Beschimpfungen, häufiger jedoch mit Totschlag und Verwundung enden." So charakterisierte der römische Autor Tacitus die Germanen in seinem 98 n. Chr. veröffentlichten Werk „Germania". Darin wurden die Germanen nicht primär realistisch porträtiert, sondern gemäß einem Schema beschrieben, das die römische Ethnografie für „Barbaren" im hohen Norden entwickelt hatte. Dazu gehörte auch die historisch langlebige Vorstellung von dem blonden, blauäugigen, starken Germanen. Tacitus wollte mit dieser Darstellung seinen römischen Zeitgenossen einen Spiegel vorhalten und im verklärten Germanen-Porträt ihre (angebliche) moralische Dekadenz geißeln.

nien, einer jener hellenistischen Herrscher, deren Territorien einst aus der Erbmasse der Eroberungen Alexanders des Großen entstanden waren. Diese hellenistische Welt wurde vom römischen Senat gleich nach dem Sieg über Karthago ins Visier genommen, was den Verdacht nahelegt, dass nun ein imperialer Automatismus am Werk war.

Den Anlass zum Eingreifen im Osten lieferte der Umstand, dass Philipp V. in dieser Zeit eine höchst aktive Militärpolitik betrieb. Gesandtschaften aus Rhodos und Pergamon erschienen vor dem Senat in Rom und baten um Hilfe, weil sie sich gefährdet fühlten. Die Senatoren entschlossen sich zum Eingreifen und leiteten damit eine Zäsur in der römischen Außenpolitik ein. Denn konnten die Kriege gegen Karthago noch als präventive Maßnahmen gewertet werden, so hatte ein militärisches Engagement im östlichen Mittelmeerraum, weit entfernt von Italien, eine neue Qualität.

Doch diente der von Rom angestiftete Krieg gegen Philipp V. nicht der Realisierung eines imperialen Konzepts mit dem Ziel, Rom den Weg zur Weltherrschaft zu ebnen. Vielmehr stand man als Supermacht des Westens neuen Herausforderungen gegenüber, denen sich die Römer nicht entziehen konnten, wollten sie das in den Kriegen gegen Karthago gewonnene Prestige nicht aufs Spiel setzen. So musste der Senat das Vertrauen der Bittsteller aus Pergamon und Rhodos schon mit Blick auf die eigenen Bundesgenossen in Italien rechtfertigen, denen man sich als verlässliche und starke Führungsmacht präsentieren wollte.

Der Krieg gegen Philipp V. wurde schnell gewonnen, ebenso die Auseinandersetzung mit dessen Nachfolger Perseus, der 168 v. Chr. in der Schlacht von Pydna besiegt wurde. Nun erhielt die römische Expansion eine Eigendynamik. Mit den Seleukiden geriet ein weiteres hellenistisches Großreich ins römische Visier. 188 v. Chr. wurden sie erstmals von Rom besiegt, mussten auf Gebiete verzichten und Tribute zahlen. Die militärischen Erfolge wurden von einem zunehmenden imperialen Selbstbewusstsein begleitet. Als der Seleukide Antiochos IV. 168 v. Chr. von Syrien aus nach Ägypten einmarschierte, wo die hellenistische Dynastie der Ptolemäer regierte, eilte ein römischer Gesandter im Auftrag des Senats an den Ort des Geschehens und forderte den Angreifer auf, das Land sofort zu verlassen. Es ist überliefert, dass der König sich zur Beratung zurückziehen wollte. Doch der Römer zog auf dem Sandboden einen Kreis um ihn herum und stellte ihm ein Ultimatum – wenn er ohne die Zusage, seine Truppen zurückzuziehen, den Kreis verließe, befände er sich im Krieg mit Rom. Gedemütigt lenkte Antiochos ein.

Makedonien wurde bereits 146 v. Chr. als römische Provinz und damit als direktes Untertanengebiet organisiert, das seleukidische Syrien folgte 64 v. Chr. Attalos III., der letzte König von Pergamon und bis 133 v. Chr. im Amt, erfreute seine römischen Beschützer damit, dass er ihnen sein Reich per Testament vermachte. Am längsten von allen hellenistischen Reichen hielt sich das ptolemäische Ägypten, dessen letzte Vertreterin Kleopatra VII. mit großem Geschick und persönlichem Einsatz die Römer davon abhalten konnte, das lukrative Land am Nil für sich zu beanspruchen. Doch 30 v. Chr., nach dem Tod der Kleopatra, wurde auch Ägypten Teil des Imperium Romanum.

Zu dieser Zeit vollzog sich in Rom ein gravierender innerer Wandel. Nach einer Serie von Bürgerkriegen war die alte republikanische Ordnung zerbrochen. Keinen geringen Anteil an dieser Entwicklung hatte Iulius Caesar. Seine berühmteste außenpolitische Leistung war der Gallische Krieg, den er zwischen 58 und 51 v. Chr. führte und den bis heute Generationen von Lateinschülern in den vom Feldherrn selbst verfassten Kommentaren rezipieren

durften. Anders als er es selbst glauben machen wollte, diente dieser Krieg, der den späteren Franzosen eine römische Vergangenheit verschaffte, rein innenpolitischen Interessen. Caesar brauchte eine Armee, mit der er seine römischen Konkurrenten ausschalten konnte. Tatsächlich brachte er es mit der eingeschworenen Truppe aus dem Gallischen Krieg bis zum allein herrschenden Diktator.

An den Iden des März (also am 15. des Monats) 44 v. Chr. wurde Caesar ermordet. Doch der Trend ging deutlich in Richtung Monarchie, was auch für Gestalt und Organisation des Imperiums von Bedeutung war. Augustus, der Stiefsohn Caesars, etablierte sich 27 v. Chr. als erster Kaiser. Nun war nicht mehr wie in den Zeiten der Republik der Senat, sondern der Herrscher für die Außenpolitik verantwortlich.

Julius Caesar überschreitet mit seinen Truppen 49 v. Chr. den Grenzfluss Rubikon und löst damit den Römischen Bürgerkrieg aus, in dem er die Alleinherrschaft erringt (nachkolorierter Holzstich, 1863).

Viel zum Erobern war allerdings nicht mehr übrig. Die meisten Gebiete, die zum Imperium Romanum gehörten, waren bereits während der Republik erworben worden. Ein großer Fehlschlag war der Versuch des Kaisers, Germanien bis zur Elbe zu unterwerfen. Die Schlacht im Teutoburger Wald 9 n. Chr. setzte den kühnen Visionen des Herrschers ein abruptes Ende. Claudius (41–54 n. Chr.), einem der Nachfolger des Augustus aus der iulisch-claudischen Dynastie, gelang es dafür 43 n. Chr., den südlichen Teil Britanniens dem Römischen Reich einzuverleiben.

Der militärisch aktivste Kaiser war in der Glanzphase des Imperiums der aus Spanien stammende Trajan. Unter seiner Herrschaft zu Beginn des 2. Jahrhunderts n. Chr. kam es zum letzten Mal zu großflächigen Angriffen römischer Legionen. Unterworfen wurden dabei Dakien (das heutige Rumänien) und im Orient Armenien und Mesopotamien. Trajans Nachfolger Hadrian, der von 117 bis 138 n. Chr. regierte, gab die östlichen Erwerbungen gleich wieder auf, weil er der Auffassung war, das Römische Reich solle sich eher nach innen konsolidieren als nach außen expandieren. Von nun an bildeten Rhein, Donau und Euphrat die Grenzen des Imperiums. Bis sich gegen Ende des 2. Jahrhunderts n. Chr. die Vorboten der Völkerwanderung bemerkbar machten, herrschte nach innen und außen weitgehend Frieden – die viel gepriesene *pax Romana*.

Ein beständiger Krisenherd war allerdings Palästina. Immer wieder kam es aufgrund der religiös bedingten Sitten der Juden zu Provokationen seitens der römischen Funktionsträger. Die Folge waren zwei große Aufstände: einmal der Jüdische Krieg (66–70 n. Chr.), der mit der Zerstörung von Jerusalem durch den späteren Kaiser Titus endete, und dann der von messianischen Vorstellungen begleitete Aufstand des „Sternensohnes" Simon Bar Kochba (132–135 n. Chr.).

Im Römischen Reich herrschte bei den meisten Menschen jedoch ein hoher Grad der Zufriedenheit. Das lag zum einen an einer gelungenen Politik der Integration und der Romanisierung. Die meisten Bewohner waren keine Unterworfenen, sondern erhielten das römische Bürgerrecht. Lokalen Eliten, sei es aus Syrien, Afrika oder Spanien, stand der Weg in politische Führungspositionen offen. Zum anderen bot das Römische Reich eine Reihe von zivilisatorischen Annehmlichkeiten. Geschätzt wurde die römische Infrastruktur mit einem reichsweiten Straßennetz von 100 000 Kilometern Länge, mit Brücken, Aquädukten und florierenden Städten.

So hörten es die römischen Kaiser gern, wenn ein allerdings bezahlter Lobredner wie der Grieche Aelius Aristides den Römern im 2. Jahrhundert n. Chr. attestierte: „Ihr habt den ganzen Erdkreis vermessen, Flüsse mit Brücken verschiedener Art überspannt, Berge durchsto-

Der römische Kaiser Titus lässt den Tempel von Jerusalem zerstören (nachkolorierter Holzstich, 1880).

chen, um Straßen anzulegen, in menschenleeren Gegenden Poststationen eingerichtet und überall eine kultivierte und geordnete Lebensweise eingeführt." Der römische Historiker Tacitus goss allerdings Wermut in den Wein der Freude, als er daran erinnerte, dass all diese Segnungen auch – und vielleicht sogar vor allem – dazu dienten, die römische Herrschaft über die unterworfenen Völker zu sichern.

Politik und Gesellschaft

Monarchie, Demokratie, Aristokratie

Freie und Sklaven

Stadt und Land

Wirtschaft und Handel

Kultur und Gesellschaft der Antike waren vielfach von den
Städten geprägt, in denen sich die herausragendsten Persönlichkeiten ihrer Zeit versammelten. So gilt der athenische
Staatsmann Perikles als einer der wichtigsten Politiker der
Antike – hier hält er eine seiner vielgerühmten Reden (nachkolorierter Druck nach einem Gemälde von Philipp von Foltz,
1852).

Monarchie, Demokratie, Aristokratie

Immer wieder machten sich in der Antike kluge Köpfe Gedanken über Staatsformen, Verfassungen und Politik. Federführend waren dabei die Griechen. Der Philosoph Platon (427–347 v. Chr.) fragte nach dem besten Staat und sah diesen in dem unwahrscheinlichen Fall verwirklicht, dass die Könige Philosophen und die Philosophen Könige seien. Sein Schüler Aristoteles (384–322 v. Chr.) war realistischer und forderte von Politikern, auf bestmögliche Weise mit der bestmöglichen Verfassung zu regieren.

Als „gute" Staatsformen galten die Monarchie, die Aristokratie und die Demokratie – die Herrschaft eines Einzelnen, die Herrschaft der „Besten" und die Herrschaft des Volkes. Jede dieser Staatsformen hatte aber auch eine negative Entsprechung: die Tyrannis (die nicht legitime Form der Alleinherrschaft), die Oligarchie (die Herrschaft weniger, nicht aber der Besten) und die Ochlokratie (die Herrschaft des Pöbels). Der Historiker Polybios (200–120 v. Chr.) entwickelte daraus das Modell des Kreislaufs der Verfassungen: Keine der positiven Staatsformen sei stabil genug, um sich dauerhaft zu halten, und münde zwangsläufig in ihr Gegenbild. So gebe es im Staat immer wieder Unruhen und ständigen Wechsel. Nur die Verfassung der römischen Republik, die Polybios als Mischung aller drei guten Staatsformen interpretierte, sei so perfekt, dass sie diesem Wechsel nicht unterworfen sei. Dies sah er als Grund für die Weltherrschaft der Römer an.

In Wirklichkeit war im Verlauf der Antike zunächst überall das Königtum dominant. Die Hochkulturen des Alten Orients kannten nichts anderes als die Monarchie, die sich allerdings in verschiedenen Varianten präsentierte. So galt der Pharao in Ägypten im Alten Reich als der Gott selbst, im Neuen Reich als der Sohn Gottes. Bei den Hethitern, die in der 2. Hälfte des 2. Jahrtausends v. Chr. über große Teile Anatoliens herrschten, hatte der Monarch die Funktion eines Heerkönigs. Auch die griechische Geschichte begann mit Königen: den Priesterkönigen auf Kreta und den Heerkönigen von Mykene.

Mit der Entstehung der Polis, des Stadtstaates, im 8. Jahrhundert v. Chr. setzten sich in Griechenland fast überall Adelsherrschaften durch. Die Mitglieder dieser Eliten nannten sich *aristoi,* die „Besten", und bezogen diese Gewissheit aus kriegerischen Erfolgen oder Reichtum und Großgrundbesitz. Das zentrale Regierungsorgan in diesen Aristokratien war der Adelsrat. Das Volk hatte wenig zu sagen, auch wenn es Volksversamm-

Die griechische Tyrannis

Wer heute von einem Tyrannen spricht, verbindet damit die Vorstellung von einem despotischen Regime. Anders bei den Griechen: Für sie war ein Tyrann ein Adliger, der als Folge von Machtkämpfen und somit nicht auf gesetzlichem Wege zur Herrschaft gelangt war. Den antiken Staatstheoretikern galt diese Staatsform als die negative Ausformung der Monarchie. Die Blütezeit der Tyrannis war das 7. und 6. Jahrhundert v. Chr. Die Tyrannen stützten sich auf gut bezahlte Söldnerheere, betrieben eine betont volksfreundliche Politik, glänzten mit einem opulenten Herrschaftsstil und schufen sich mit prächtigen Bauten architektonische Denkmäler. Einige der berühmtesten Persönlichkeiten der Antike waren Tyrannen, so der Athener Peisistratos (564–527 v. Chr.) und seine Söhne Hipparchos und Hippias oder in Korinth Kypselos (657–620 v. Chr.) und Periandros (ca. 600–560 v. Chr.). Auf der Insel Samos schwang sich Polykrates 538 v. Chr. zum Alleinherrscher auf. Mit seiner starken Flotte katapultierte er Samos in die erste Riege der damaligen Seemächte. Die von Friedrich Schiller nach einer Erzählung des griechischen Historikers Herodot geformte Ballade vom „Ring des Polykrates" machte den Tyrannen literarisch unsterblich. Tatsächlich starb er 522 v. Chr. in einem Kampf gegen die Perser.

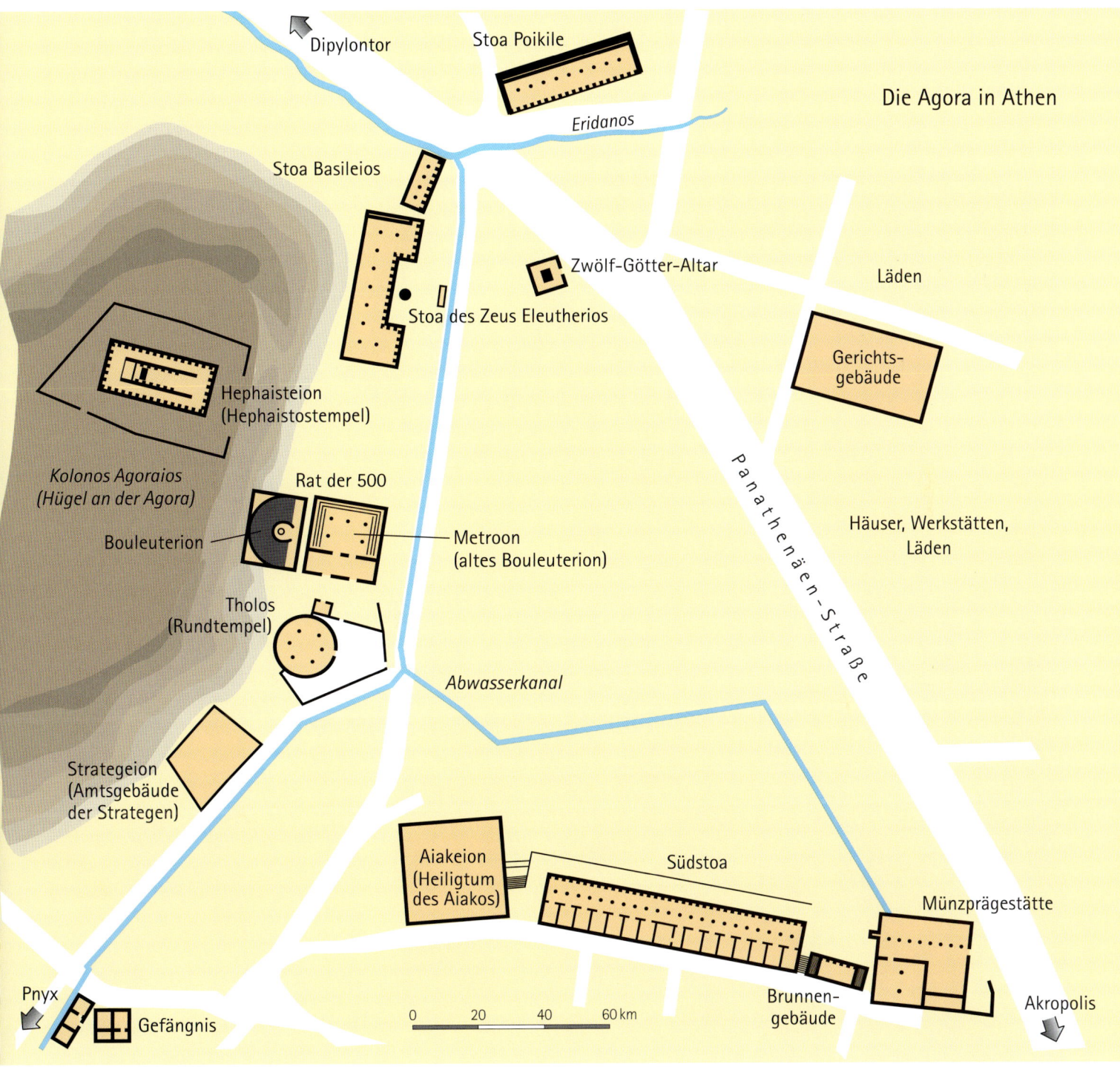

Die Agora als Stätte der Volks- und Gerichtsversammlungen in der Mitte der Stadt verdeutlicht die zentrale Bedeutung der politischen Beteiligung.

lungen gab. An diesen durften aber ohnehin nur die männlichen Bürger teilnehmen. Deren Maß an politischer Partizipation beschränkte sich auf die Bestätigung dessen, was der Adelsrat beschlossen hatte.

Mit der Herrschaft der Makedonen unter Philipp II. und Alexander dem Großen kehrte bei den Griechen das Königtum auf die politische Bühne zurück. Orientierte sich dieses zunächst noch an den archaischen Verhältnissen der Stammesgesellschaft, so bildete sich in den Kämpfen der Diadochen in der Zeit nach dem Tod Alexanders des Großen (323 v. Chr.) die hellenistische Monarchie heraus. Sie war stärker vom orientalischen Vorbild beeinflusst und rückte den Herrscher in eine sakrale Sphäre.

Eine fundamentale politische Leistung der Griechen war die Erfindung der Demokratie. Diese Verfassungsform nahm ihren Ursprung in Athen. In einer politischen Umwelt, die ausschließlich von Königtum und Adelsherrschaften geprägt war, war die Etablierung einer

Ein königlicher Hof im antiken Griechenland (altkolorierter Holzstich nach einer Zeichnung von Heinrich Leutemann, 1868)

Ausdruck dieser Entwicklung war der Herrscherkult, in dessen Rahmen der König von den Untertanen in eigens eingerichteten Heiligtümern göttliche Ehren empfing. Entsprechend prunkvoll wurde auch das Hofzeremoniell gestaltet.

Verfassung, die dem Volk in bis dahin nicht gekannter Weise politische Rechte einräumte, ein höchst bemerkenswerter Vorgang. Wie also war man zur Demokratie gekommen, wenn man von ihr bis dahin noch keine Vorstellung hatte?

Diese Staatsform war nicht das Resultat einer Revolution oder eines Umsturzes in Athen. Sie entwickelte sich in mehreren Phasen, war als solche nicht beabsichtigt und ging nicht vom Volk, sondern vom Adel aus. Ein erster Schritt war 621 v. Chr. die Veröffentlichung der

geltenden Rechtsbestimmungen durch den athenischen Aristokraten Drakon. Sein Name steht noch heute für besonders harte, eben „drakonische" Strafen. Dabei ist er nicht selber als Gesetzgeber aktiv gewesen. Er hat lediglich die vorhandenen, tatsächlich sehr strengen Rechtssätze aufschreiben lassen.

Zuvor war das Recht von den ausschließlich adligen Richtern sehr willkürlich gehandhabt worden. Das hatte für einigen Unmut gesorgt, und die Adligen trugen dieser Stimmung Rechnung, indem sie Drakon den Auftrag gaben, die Rechtsprechung transparenter zu machen. So ließ dieser die Rechtstexte auf drehbaren Holzblöcken an den öffentlichen Plätzen Athens anbringen. Auf diese Weise konnten sich jene Athener, die des Lesens kundig waren, mit dem geltenden Recht vertraut machen. Sie erfuhren dabei zum Beispiel, dass auf den Diebstahl von Feldfrüchten die Todesstrafe stand. Keiner dachte damals daran, dem Volk mehr Selbstbestimmung einzuräumen. Jedoch gab der Adel mit der Bekanntmachung der Gesetze, auch wenn sie noch so rigoros waren, erstmals etwas von seinem Herrschaftswissen preis.

Die zweite Phase der Demokratisierung Athens ist mit dem Namen Solon verbunden. Wie Drakon ein Adliger, wurde er 594 v. Chr. von seinen Standesgenossen als Schlichter eingesetzt, um bei Konflikten zwischen den reichen Großgrundbesitzern und der Masse der armen Bauern zu vermitteln. Solon setzte bei seinen Bemühungen auf Ausgleich die Abschaffung der Schuldknechtschaft durch. Zugleich installierte er eine neue politische Ordnung, um ein erneutes Aufflammen des Konflikts zu verhindern. Bis dahin hatte einzig und allein eine adlige Abstammung für die politische Mitsprache im Staat qualifiziert. Solon erfand ein neues, höchst fortschrittliches Prinzip: Nicht blaues Blut, sondern Leistung und Vermögen entschieden darüber, wer in der Politik etwas zu sagen hatte.

Die sogenannte Timokratie (abgeleitet vom griechischen Wort *timé* = Vermögen) war eine wichtige Vorstufe auf dem Weg zur Demokratie. Die Bevölkerung Attikas wurde je nach wirtschaftlicher Leistungsfähigkeit in vier Klassen eingeteilt. Die erste Klasse, reserviert für die ganz reichen Bürger, verfügte über alle politischen Rechte, wie etwa über das Privileg, sich um die Spitzenpositionen im Staat bewerben zu dürfen. Der vierten Klasse gehörten jene Athener an, deren finanzielle Mittel limitiert waren. Auf den ersten Blick erscheint ein solches System wenig demokratisch. Im Vergleich zur vorherigen Praxis handelte es sich jedoch um einen wesentlichen Schritt nach vorn. Es ermöglichte den wirtschaftlich erfolgreichen Kaufleuten und Händlern, die nicht zum Adel gehörten, die aktive Mitwirkung in den zentralen politischen Gremien Rat und Volksversammlung.

Dritter Pionier der Demokratie in Athen war Kleisthenes aus der altehrwürdigen Aristokratenfamilie der Alkmaioniden. Bezeichnenderweise ging es auch ihm, der gerne als Architekt der demokratischen Ordnung in Athen bezeichnet wird, nicht etwa darum, dem Volk mehr Rechte zu geben. Vielmehr bestand sein vorrangiges Ziel darin, innerhalb konkurrierender adliger Clans seiner eigenen Familie möglichst viel an politischem Einfluss zu sichern. Die Ordnung Solons hatte ihre Schwächen offenbart, als sich 560 v. Chr. der Adlige Peisistratos zum Tyrannen aufgeschwungen hatte. Nach seinem Tod erbten seine beiden Söhne die Herrschaft. Doch 510 v. Chr. wurde die Tyrannis gestürzt, der letzte Peisistratos-Sohn Hippias ging ins Exil nach Persien. Um eine neue Tyrannis zu verhindern, sorgte Kleisthenes für eine erhebliche Stärkung der Rechte und Kompetenzen des Volkes – einzig und allein in der Absicht, die Bürger als Helfer für seine eigenen politischen Ambitionen zu gewinnen.

Der Staatsmann Solon war einer der Wegbereiter der athenischen Demokratie (Bronzestatue, um 1896).

Der Plan ging auf: Kleisthenes konnte seine internen Gegner besiegen, und das Volk bekam seine Rechte. Damit war der Weg für die Demokratie endgültig frei. Die Netzwerke der Adelssippen wurden durch eine Neugliederung Attikas in zehn Bezirke gekappt. Sie bildeten die Grundlage für die Zusammensetzung des Rates, in dem die Gesetze beraten wurden, die anschließend zur Abstimmung in die Volksversammlung kamen.

Aus heutiger Sicht hat man Schwierigkeiten, das politische System, das sich in Athen zwischen Drakon und Kleisthenes entwickelte, überhaupt mit dem Prädikat „Demokratie" zu versehen. Tatsächlich kam der Begriff auch erst im Verlauf des 5. Jahrhunderts v. Chr. auf, als die Ordnung an sich schon lange Bestand hatte. Vorher sprachen die Griechen von der „Isonomie" – wörtlich einer Verfassung, in der alle „den gleichen Anteil am Gesetz" hatten. Von den rund 300 000 Menschen, die damals in der Stadt Athen und in dem zu ihr gehörigen Landgebiet von Attika lebten, waren nur etwa zehn Prozent vollberechtigte Bürger. Vorenthalten blieben die Segnungen der Volksherrschaft 270 000 Menschen. Dazu gehörten Frauen, die ortsansässigen Fremden und die Sklaven.

Immerhin 30 000 Menschen aber hatten die Möglichkeit, sich aktiv an der Gestaltung des Staates zu beteiligen. Und man muss zugunsten der antiken Demokratie festhalten, dass das deutlich mehr waren als in der archaischen Adelsgesellschaft, in der nur ein exklusiver Kreis aus Oberhäuptern der vornehmen Familien den Kurs der Politik bestimmt hatte. Diese Ordnung verdient es also, „Demokratie" genannt zu werden – vielleicht nicht aus moderner Perspektive, wohl aber im Vergleich zu den vorherigen Zuständen.

Für vollberechtigte Bürger bedeutete die Demokratie, dass sie Stimmrecht im Rat und in der Volksversammlung sowie Zugang zu den politischen Ämtern hatten. Die Amtszeit dauerte genau ein Jahr. Mehr hielt man für undemokratisch, weil die Gefahr groß schien, bei einer zu langen Verweildauer zu viel persönliche Macht anzuhäufen.

Außerdem wurden die meisten Spitzenpositionen durch Losentscheid bestimmt. Bei einer Wahl sahen die Hüter der Demokratie zu viele irrationale, auch emotionale, mithin nicht sachgerechte Kriterien im Spiel. Nur bei den militärischen Oberbefehlshabern wollte man nichts dem Zufall überlassen. Die Strategen, wie man sie nannte, wurden als einzige Beamte von der Volksversammlung in einem Wahl- und nicht in einem Losverfahren ermittelt.

Das Scherbengericht

Das Scherbengericht, von den Griechen Ostrakismos genannt, war eine Spezialität der athenischen Demokratie. Von seinem Erfinder Kleisthenes war es als Schutzmaßnahme der Verfassung vor aufstrebenden Tyrannen eingerichtet worden. Einmal im Jahr wurde der Volksversammlung die Frage gestellt, ob sie ein Scherbengericht durchzuführen wünsche. Votierte die Mehrheit dafür, wurden Tonscherben (griechisch ostraka) verteilt. Scherben wurden deswegen verwendet, weil sie in der Keramik-Hochburg Athen billig zu haben waren. Jeder der Anwesenden notierte nun (oder ließ dies einen der Schriftkundigen tun, falls er selbst nicht schreiben konnte) den Namen desjenigen auf eine Scherbe, den er im Verdacht hatte, nach der Alleinherrschaft zu streben. Damit ein Scherbengericht Gültigkeit hatte, mussten sich mindestens 6000 Bürger an der Abstimmung beteiligen. Derjenige, dessen Name am häufigsten genannt wurde, hatte für die Dauer von zehn Jahren die Stadt zu verlassen, unter Beibehaltung seines Vermögens und aller bürgerlichen Rechte. Nach einigen Jahrzehnten, gegen Ende

Tonscherben, eine davon mit dem Namen des athenischen Staatsmanns Aristeides, der auf diese Weise 482 v. Chr. aus der Stadt verbannt wurde

des 5. Jahrhunderts v. Chr., kam das Scherbengericht allmählich außer Mode. Entgegen dem eigentlichen Sinn hatten viele Politiker den Ostrakismos als eine Chance genutzt, sich auf elegante Weise politischer Konkurrenten zu entledigen. Sie mobilisierten ihre Anhänger und veranlassten sie, den Namen des Gegners auf die Scherben zu schreiben. So wurde 418 v. Chr. zum letzten Mal zu dieser originellen Form des Schutzes der demokratischen Verfassung aufgerufen.

Im Laufe der Zeit nahm der demokratische Eifer der Athener deutlich ab. Viele Bauern aus den entlegenen Ecken Attikas verspürten wenig Neigung, den langen Weg in die Stadt anzutreten und dort drei Tage lang über Gesetze wie die Gestaltung der öffentlichen Gehwege zu debattieren, während auf dem heimischen Hof die Arbeit liegen blieb. Beklagt wurde, dass nur noch die Alten und die Arbeitslosen anwesend waren. Um Anreize zur Partizipation zu schaffen, wurden die Diäten erfunden – Tagegelder, die als Kompensation für den Verdienstausfall gedacht waren und tatsächlich wieder mehr Menschen in die Volksversammlung lockten.

In Rom hat es nie eine Demokratie gegeben, auch wenn der Historiker Polybios in der römischen Volksversammlung in der Zeit der Republik eine demokratische Institution erkennen wollte. Bis zur Begründung des Kaisertums durch Augustus 27 v. Chr. war Rom das Musterbeispiel eines aristokratischen Herrschaftssystems, das fast

500 Jahre lang Bestand hatte. Mittelpunkt des politischen Lebens war der Senat, in dessen Reihen zunächst die Häupter der vornehmsten Adelsfamilien saßen und später alle, die ein wichtiges politisches Amt bekleideten. Dazu gehörte an erster Stelle der Konsul, die oberste Position im republikanischen Rom und Traumziel aller Adligen. Der Weg dorthin war genau festgelegt: Erst musste eine Ämterlaufbahn absolviert werden, mit den Stationen Quaestor (eine Art Finanzbeamter), Aedil (mit der Aufgabe der Aufsicht über Märkte, Straßen und Tempel) und Praetor (mit dem Schwerpunkt Rechtswesen). Danach stand der Weg zum Konsulat offen – wenn man denn von der Volksversammlung gewählt wurde, denn es gab immer genügend Gegenkandidaten.

Bei allen Ämtern galten die strikten Prinzipien der Annuität und der Kollegialität. Annuität bedeutete: Jeder Politiker durfte – wie in der athenischen Demokratie – seinen Posten nur ein Jahr lang bekleiden. Und Kollegialität hieß: Keiner war in seinem Amt allein, sondern hatte immer mindestens einen Kollegen an seiner Seite. In beiden Fällen handelte es sich um Vorsichtsmaßnahmen, praktiziert vor dem Hintergrund der Erfahrungen, die man in Rom einst mit den etruskischen Königen gemacht hatte. Das Königtum war um 500 v. Chr. abgeschafft worden, und seitdem setzte man auf die zeitliche Limitierung von hohen Regierungsposten sowie auf gegenseitige Kontrolle, um seine Wiederkehr zu verhindern.

Dieses sorgsam ausbalancierte System funktionierte über mehrere Jahrhunderte hinweg mit großer Perfektion. Ins Wanken geriet die aristokratische Ordnung zunehmend in dem Maße, wie Rom sich zum Mittel-

punkt eines die gesamte Mittelmeerwelt umfassenden Imperiums entwickelte. Die römische Republik ging paradoxerweise an ihren außenpolitischen und militärischen Erfolgen zugrunde. Die Herrschaft über ein solch großes Reich überforderte das geltende System vor allem deswegen, weil die Aristokraten, die eifersüchtig auf ihre herausgehobene Stellung achteten, nicht bereit waren, Macht an eine professionelle Bürokratie zu delegieren. Zudem weckten die finanziellen Ressourcen bei vielen Adligen mehr Begehrlichkeiten, als es dem Staat guttat. Die Folge war eine Kette interner Auseinandersetzungen, die 133 v. Chr. mit dem Reformprogramm des Tiberius Gracchus begannen und später in eine Serie von Bürgerkriegen mündeten. Aus diesen ging Julius Caesar als Sieger hervor, der sich zum Diktator auf Lebenszeit machte, am 15. März 44 v. Chr. jedoch Opfer eines Attentats wurde.

Das Ergebnis dieser turbulenten Vorgänge war der Übergang von der Republik zum Kaisertum. Augustus, der eigentlich Octavius hieß und von Caesar adoptiert worden war, setzte sich in weiteren Bürgerkriegen durch und begründete eine im Unterschied zu Caesar dauerhafte Alleinherrschaft. Sie unterschied sich von allen anderen Monarchien, die es in der Antike gegeben hat. Augustus nannte seine Herrschaft „Prinzipat", was so viel wie die „Herrschaft des ersten Mannes" bedeutete. „Kaiser" ist eine moderne Bezeichnung, abgeleitet von dem Namen „Caesar", der seit Augustus fester Bestandteil der Herrschertitulatur war.

Aus der Ermordung Caesars hatte der neue starke Mann Roms die Erkenntnis gewonnen, dass man den römischen Adligen und Bürgern eine Monarchie nur im Gewand einer Republik präsentieren konnte. So brachte er das Kunststück fertig, Kaiser zu werden, ohne dass dies den Zeitgenossen so recht bewusst wurde. Immer wieder sprach Augustus von der *res publica restituta*, der „wiederhergestellten Republik". Tatsächlich existierten alle politischen Institutionen der Republik wie Senat, Volks-

Die Ermordung von Julius Caesar am 15. März 44 v. Chr. (nachkolorierter Stahlstich, 1842)

versammlung und Beamte fort. Die Macht des Augustus beruhte auf Kompetenzen, die bereits aus den Zeiten der Republik bekannt waren. Als Prokonsul (so hießen in Rom die ehemaligen Konsuln, die zur Verwaltung von Provinzen eingesetzt wurden) hatte er den Oberbefehl über die Legionen, und auf der Grundlage der Amtsgewalt eines Volkstribunen konnte er in Rom Gesetze einbringen.

Augustus beherrschte aber nicht nur das politische Spiel, sondern er kannte sich auch bestens in puncto Propaganda aus. So rechtfertigte er seine prominente Präsenz in einer politischen Ordnung, die doch offiziell eine Republik war, mit seiner Rolle als Garant für Sicherheit und Ordnung. Dabei verschwieg er geflissentlich, dass er zur Zerstörung jenes Systems, dessen Reparatur er sich ständig rühmte, in den Bürgerkriegen selbst maßgeblich beigetragen hatte.

Mit Augustus begann die Reihe der römischen Kaiser. Nach seinem Tod (14 n. Chr.) wurde sein Stief- und Adoptivsohn Tiberius Nachfolger. Er regierte bis 37 n. Chr. und wurde von Caligula beerbt, der sich, ganz anders als der Architekt des Prinzipats, als Tyrann gebärdete und 41 n. Chr. ermordet wurde. Ihm folgte der moderate Claudius (41–54), bevor mit dem exzentrischen Nero (54–68) der letzte Vertreter aus der Familie des Augustus die Herrschaft antrat. Zu dieser Zeit war das Prinzipat als Institution längst etabliert.

Augustus war der erste römische Kaiser, seine Regierungszeit markiert den Übergang des Römischen Reiches von der Republik zum Kaisertum (Marmorstatue, Kopie aus dem 1. Jahrhundert n. Chr. nach einem Original um 20/17 v. Chr.).

Ein gravierender Wandel im römischen Kaisertum vollzog sich am Ende des 3. Jahrhunderts n. Chr. Viele Kriege und innere Krisen hatten das Römische Reich schwer erschüttert. Die Verhältnisse an der Reichsspitze waren extrem labil geworden. Zwischen 235 und 284 hatte es über 70 Kaiser, Prätendenten und Usurpatoren gegeben. Für Ruhe sorgte erst wieder Kaiser Diokletian, der 284 an die Macht kam. Der aus Illyrien stammende Herrscher machte aus dem Prinzipat das „Dominat". Pate stand dabei der lateinische Begriff dominus („Herr"). Hatte sich Augustus als Erster unter Gleichen gegeben, so präsentierte sich Diokletian als Monarch, der haushoch über dem Adel und erst recht dem einfachen Volk thronte. Der Kaiser war nun ein absolut regierender Herrscher, der sich auch in eine sakrale Aura hüllte, die ihn fast zu einem Gott machte.

Hinter diesem Wandel standen aber weder Caesarenwahn noch Hybris. Nachdem in den Jahrzehnten zuvor so viele Kaiser ermordet oder abgesetzt worden waren, ging es nun ganz pragmatisch um die Festigung der Autorität des Herrschers und die Herstellung von verloren gegangenem Respekt. Bis in die Spätantike blieb das Dominat die vorherrschende Form der Monarchie im Römischen Reich.

Durch die Verlosung mit dem Kleroterion wurden öffentliche Ämter in Athen bestimmt.

Freie und Sklaven

**Die idealistische Aussage „Alle Menschen sind gleich"
hätte in der Antike niemand unterschrieben – nicht die
Angehörigen der Oberschichten und schon gar nicht
diejenigen, die zu den gesellschaftlichen Außenseitern
zählten. Tatsächlich gab es in der Antike zu allen Zeiten große Gegensätze sowohl in rechtlicher als auch
in sozialer Hinsicht.**

Besonders prägnant und charakteristisch war die Unterscheidung zwischen Freien und Sklaven. Ein freier
Mensch zu sein bedeutete zunächst nichts anderes, als
kein Sklave zu sein. Man befand sich nicht in Abhängigkeit von anderen Personen und kam in den Genuss aller
Rechte, die in den jeweiligen Gesellschaften den Freien
offenstanden. Der soziale Status sowie die Möglichkeiten
politischer Mitwirkung wiederum konnten sehr unter-
schiedlich sein, je nachdem, ob man in einer monarchischen, aristokratischen oder demokratischen Verfassung
lebte. Frei zu sein war daher nicht automatisch gleichbe-
deutend mit voller Entfaltung der Persönlichkeit.

Das galt vor allem für Frauen. Wenn eine Frau mit einem freien Mann verheiratet war, der über das Bürgerrecht seiner Stadt oder seines Staates verfügte, dann war
sie nur über ihren Ehemann, nicht aber als eigenständige
Person Teil der bürgerlichen Gemeinschaft. Frauen, die
nicht der Oberschicht angehörten, hatten – sei es bei
den Völkern des Alten Orients, bei den Griechen, Römern, Kelten oder Germanen – im Alltag der fast ausschließlich patriarchalischen Gesellschaften immer einen
schweren Stand.

Frei zu sein bedeutete auf der anderen Seite aber auch
nicht automatisch ein Bürger mit allen Rechten und
Pflichten zu sein. Das war vor allem nicht der Fall, wenn
man als Fremder dauerhaft in einer Gemeinschaft außerhalb der eigenen Stadt oder des eigenen Staates lebte – modern ausgedrückt: wenn man ein Migrant war.
In Griechenland mit seinen Stadtstaaten galt ein Mann
schon als Fremder, wenn er aus Athen zum Beispiel
nach Korinth zog, um dort zu leben und zu arbeiten.
Ein griechischer Fremder hatte aber immerhin Vorteile
gegenüber einem, der nicht aus Griechenland, sondern
etwa aus Ägypten oder Syrien stammte. Diese Menschen

Rekonstruktion der Route der Sklavenarmee unter Spartacus (nach Plutarch)

Stationen (73–71 v. Chr.)
◇ Gladiatorenschule
⚓ Zusammenkunft der Sklaven am Vesuv
1 Zug einer Gruppe unter Krixos nach Apulien; besiegt in der Schlacht am Monte Gargano
2 Zug der Gruppe unter Spartacus nach Mutina; siegreiche Schlacht gegen die Römer
3 Rückmarsch Richtung Thurii
4 Zug über Bruttium; Niederlage in der Entscheidungsschlacht gegen Marcus Licinius Crassus

nannte man pauschal „Barbaren", weil in den Ohren der an melodische Sprachtöne gewohnten Griechen alle fremden Sprachen wie schwer verdauliches Kauderwelsch klangen.

Die griechischen Fremden hatten den rechtlichen Status von „Metöken", was so viel wie „Mitwohner" bedeutet. Sie besaßen nicht das Bürgerrecht, mussten eine besondere Steuer bezahlen und durften keinen Grundbesitz erwerben, hatten aber für den gastgebenden Staat Militärdienst zu leisten. In Rom hießen die freien Fremden „Peregrine". Auch sie galten nicht als Bürger, hatten aber die Chance, sich in die römische Gemeinschaft zu integrieren, da diese nach außen hin überraschend offen war.

Grund für diese Offenheit war das römische Klientelwesen. Schon seit den frühesten Zeiten der Aristokratie nahmen reiche und angesehene Persönlichkeiten Menschen aus den unteren Bevölkerungsschichten unter ihre Fittiche. Der „Patron", wie er genannt wurde, trat für seine „Klienten" (auch dies eine zeitgenössische Bezeichnung) als Beschützer in allen Lebenslagen auf. Er kümmerte sich um ihr materielles Wohlergehen und leistete Hilfe, wenn jemand in Schwierigkeiten war. Im Gegenzug mussten die Klienten alles tun, um das politische und soziale Renommee des Patrons zu fördern. Bewarb er sich beispielsweise um ein politisches Amt, war es die Pflicht der Klienten, für ihren Gönner lautstark die Werbetrommel zu rühren. Beliebt bei den Patronen war die *salutatio*. So nannte man die morgendliche Begrüßungszeremonie, für die

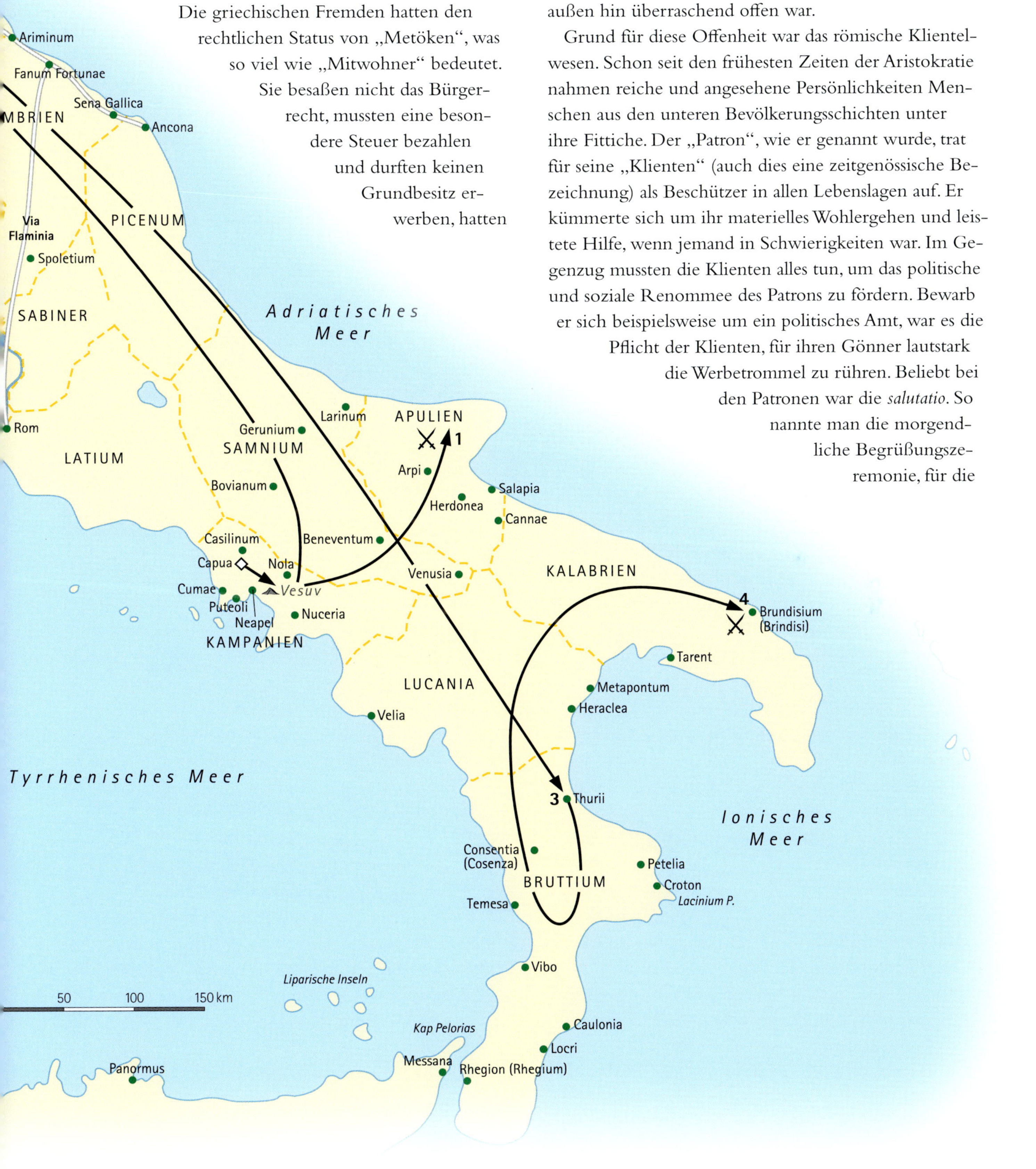

Map labels:

- Ariminum
- Fanum Fortunae
- Sena Gallica
- UMBRIEN
- Ancona
- Via Flaminia
- PICENUM
- Spoletium
- SABINER
- Rom
- LATIUM
- Adriatisches Meer
- Larinum
- Gerunium
- APULIEN
- SAMNIUM
- Arpi
- Bovianum
- Salapia
- Herdonea
- Cannae
- Casilinum
- Beneventum
- Capua
- Nola
- Venusia
- KALABRIEN
- Cumae
- Vesuv
- Puteoli
- Nuceria
- Neapel
- KAMPANIEN
- Brundisium (Brindisi)
- Tarent
- LUCANIA
- Metapontum
- Heraclea
- Velia
- Tyrrhenisches Meer
- Ionisches Meer
- Thurii
- Consentia (Cosenza)
- Petelia
- BRUTTIUM
- Croton
- Temesa
- Lacinium P.
- Vibo
- Liparische Inseln
- 50   100   150 km
- Kap Pelorias
- Caulonia
- Panormus
- Messana
- Locri
- Rhegion (Rhegium)

Die römischen Ständekämpfe

Romulus, der Gründer von Rom, teilt das Volk in Patrizier und Plebejer (nachkolorierter Kupferstich von Matthäus Merian d. Ä., 1630).

Der Name „Ständekämpfe" ist eine moderne Bezeichnung für langwierige politische Auseinandersetzungen in der römischen Republik in der Zeit nach dem Ende der etruskischen Königsherrschaft. Geführt wurden sie von den Patriziern und den Plebejern. Die Patrizier (der Name ist abgeleitet von dem lateinischen Wort patres = „die Väter") waren der alte Adel von Rom. Die große Gruppe der Plebejer bestand aus allen freien Bürgern, die nicht zu den Patriziern gehörten. Die Plebejer strebten in den Ständekämpfen nach mehr politischen Rechten. Tatsächlich hatten zu Beginn der Republik nur Patrizier den Zugang zu den wichtigsten Ämtern im Staat. Zum Auftakt der Kämpfe zogen die Plebejer 494 v. Chr. geschlossen auf den Aventin-Hügel in Rom, wo sie in einen Generalstreik traten. Daraufhin erhielten sie eine eigene politische Versammlung und politische Funktionsträger in den Volkstribunen, die sich für ihre Interessen einsetzten und über das Vetorecht gegen Beschlüsse der Patrizier verfügten. Im Laufe der Zeit erstritten die Plebejer weitere Rechte und Privilegien. Ein Meilenstein waren die Gesetze des Jahres 367 v. Chr., die den Plebejern den Zugang zum Konsulat, dem höchsten Amt im Staat, ermöglichten. Ein weiteres Gesetz von 287 v. Chr. verschaffte den Beschlüssen der plebejischen Versammlung Gültigkeit für den Gesamtstaat. Damit waren die Ständekämpfe zu einem Abschluss gelangt. Die Patrizier und die Spitzen der Plebejer bildeten als „Nobilität" eine neue Führungsschicht, unter deren Ägide sich Rom zur Weltmacht entwickelte.

sich die Klienten jeden Tag vor dem Haus des Patrons zu versammeln hatten. Zufrieden war der Patron, wenn er feststellen durfte, dass zu ihm mehr Menschen kamen als zu seinem adligen Nachbarn. Das Klientelwesen war aber auch ein wirksames Instrument zur Aufnahme und Integration von Fremden, vor allem in den großen Städten. Begab sich ein Fremder in die Obhut eines Patrons, hatte er praktisch ausgesorgt, auch wenn er über keine politischen Rechte verfügte.

Am untersten Ende jeder Skala standen die Sklaven. Sie lebten im Zustand der völligen Rechtlosigkeit und galten im juristischen Sinn nicht als Menschen, sondern als Sachen. Man konnte von Geburt an Sklavin oder Sklave sein, wenn man in einer Familie von Sklaven zur Welt kam. In der Frühzeit war zudem die Praxis der Schuldknechtschaft weit verbreitet. Wer die Schulden bei seinem Gläubiger nicht zurückzahlen konnte, musste den bitteren Weg in die Sklaverei antreten und diente dem Zahlungsgeber fortan als billige und völlig rechtlose Arbeitskraft. In Athen wurde diese Form der Abhängigkeit zu Beginn des 6. Jahrhunderts v. Chr. durch die Reformen Solons abgeschafft, sie blieb in anderen Teilen der griechischen Welt aber noch lange Zeit in Gebrauch. In Rom hielt sich diese Form der Sklaverei bis in die zweite Hälfte des 4. Jahrhunderts v. Chr.

Die meisten Menschen aber verloren ihre persönliche Freiheit im Krieg, entweder als Soldaten oder als Teil der Zivilbevölkerung. Bei allen antiken Völkern war es Usus, dass die Gefangenen Beute und Besitz der Sieger wurden. Und ebenso kamen Frauen, Männer und sogar Kinder in Städten und Dörfern, die in Kriegszeiten Opfer von Plünderungen wurden, in die Verfügungsgewalt der Gewinner. In manchen Fällen waren es Tausende von Menschen, die bei einer einzigen Aktion dieser Art zu Sklaven wurden.

Manchmal werden in den historischen Quellen exakte Zahlen genannt. Bei einer römischen Strafaktion in Griechenland sollen 167 v. Chr. 150 000 Menschen versklavt worden sein. Julius Caesar, der in den Jahren zwischen 58 und 51 v. Chr. in Gallien Krieg führte, soll gar eine Million Kelten und Germanen in die Sklaverei überführt haben. Mag diese Zahl auch übertrieben erscheinen, so bleibt nach Abzug einer fiktiven Spanne immer noch eine gewaltige Zahl an Betroffenen übrig. Eine weitere Gefahr stellten Seeräuber dar, die mit Menschenhandel lukrative Geschäfte machten. Sie waren darauf spezialisiert, Städte an den Küsten anzugreifen und alles zu verschleppen, was ihnen in die Hände fiel.

Dankbare Abnehmer der menschlichen Beute waren professionelle Händler, die schon zu mykenischer Zeit ihr Unwesen trieben. Bei ihnen lieferten Piraten oder Armeeführer die bedauernswerten Menschen ab, die in eine ungewisse Zukunft blickten. Verkauft wurden sie auf Märkten, wobei sie sich in unbekleidetem Zustand

Sklavenmarkt in Rom (Ölgemälde von Jean-Léon Gérôme, um 1884)

116.

M. PORCIVS CATO.

Apud Fulvium Vrsinum in gemma.

116.

Der Staatsmann und Schriftsteller Cato der Ältere (handkolorierter Stich)

ihren potenziellen Käufern zu präsentieren hatten und einer kritischen Prüfung unterzogen wurden. Die Sklavenhändler machten gute Geschäfte. Die Mittelmeerinsel Delos war im 3. und 2. Jahrhundert v. Chr. eine Drehscheibe des internationalen Handels und entwickelte sich im selben Zeitraum zu einem Zentrum des Einkaufs und Verkaufs von Sklaven. Täglich sollen hier Tausende von Sklaven den Besitzer gewechselt haben. Auch Ephesos, später eine Hochburg des frühen Christentums, spielte bei dem Handel mit Menschen eine unrühmliche Rolle.

Der Handel mit Sklaven war so verbreitet, dass gelegentlich die Behörden eingriffen, um die schlimmsten Auswüchse zu verhindern. Das war bereits im antiken Griechenland der Fall, wurde unter den bürokratisch ver-

anlagten Römern aber akribisch fortgeführt. Wer einen Sklaven verkaufen wollte, musste Auskunft über etwaige Krankheiten oder begangene Verbrechen geben. Die Preisspanne war dem freien Verkehr überlassen. Jedoch gab es zahlreiche Vorschriften und Verfügungen über Importzölle und Verkaufssteuern.

Der Bedarf an Sklaven war außerordentlich. Die antike Wirtschaft basierte in einem nicht unerheblichen Maße auf der Verfügbarkeit von Massen von billigen Arbeitskräften. Als Athen im 5. Jahrhundert v. Chr. die politisch und ökonomisch führende Macht in der griechischen Welt war, lebten und arbeiteten 80 000 bis 100 000 Sklaven in der Stadt. Begehrt waren hier vor allem Sklaven aus Thrakien und Kleinasien – Regionen, die häufig Schauplatz kriegerischer Auseinandersetzungen waren. In Rom waren die meisten Sklaven in der Landwirtschaft tätig. Sie arbeiteten auf den sogenannten Latifundien, den großen Gütern der Reichen, die auf diese Weise Zeit und Muße hatten, sich in der Hauptstadt dem Geschäft der Politik oder gelehrten Tätigkeiten zu widmen.

Ins Hintertreffen gerieten dabei die einfachen freien Bauern, deren Existenz überwiegend vom Getreideanbau abhing. Doch die Großgrundbesitzer stellten die Ertragsformen um. Getreide wurde billig aus den Provinzen in Sizilien und Nordafrika importiert. Die Bauern in Italien wurden dadurch arbeitslos und bildeten in Rom das städtische Proletariat. Die Reichen setzten nun ganz auf Wein und Oliven – Produkte, bei denen es länger dauerte, bis sie erstmals Ertrag abwarfen. Aber man hatte schließlich genug Kapital und genug Sklaven.

Die Römer waren es auch, die die Sklaverei als eine Möglichkeit des optimierten Gewinns entdeckten. Vorreiter war dabei Cato der Ältere (234–149 v. Chr.), Großgrundbesitzer und Senator. Aus seiner Feder stammt eine landwirtschaftliche Lehrschrift *(De agri cultura)*, in der er seinen aristokratischen Standesgenossen Ratschläge gab, wie sie aus ihren Latifundien möglichst viel herausholen konnten. Neben landwirtschaftlichen Geräten, Nutztieren und Gebäuden zählt er darin auch Sklaven als Objekte auf, deren Wert sich an ihrer Rentabilität bemesse. Alte und kranke Sklaven sollte man demnach rasch verkaufen, weil sie keine ordentliche Arbeit mehr leisten konnten und mit den Aufwendungen für Unterhalt und Verpflegung nur die Haushaltskasse des Gutsherrn belasteten. In den Worten Catos liest sich diese Empfehlung so: „Alte Ochsen, entwöhntes Vieh, entwöhnte Schafe, Wolle, Felle,

Der Spartacus-Aufstand

Mit dem Namen Spartacus ist einer der größten Sklavenaufstände der Antike verbunden. Der aus Thrakien stammende Spartacus geriet in römische Gefangenschaft. In der Gladiatorenschule von Capua in Süditalien wurde er von seinem Besitzer als Kämpfer für die Arena ausgebildet. 73 v. Chr. nutzte er mit 70 weiteren Gladiatoren die Gelegenheit zur Flucht. Rasch schlossen sich ihnen Scharen von Sklaven an, die auf den Gütern der Großgrundbesitzer gearbeitet hatten. Bald standen 40 000 Sklaven unter dem Kommando des Spartacus, der die Führung des Unternehmens übernommen hatte. Sein Plan war es, nach Norden zu ziehen und die Sklaven über die Alpen in die Freiheit zu führen. Jeder sollte danach in seine Heimat zurückkehren. Zwei römische Heere, die sich ihnen in den Weg stellten, wurden überraschend problemlos besiegt. Die römische Armee hatte nicht mit der von Spartacus bestens organisierten Schlagkraft der Sklaven gerechnet.

Nun drängte die Mehrheit der Sklaven darauf, im Land zu bleiben, in der Hoffnung auf weitere Erfolge und auf Beute. Also zog man wieder nach Süden, auch wenn Spartacus eindringlich davon abriet. In der Landschaft Bruttium, ganz im Süden Italiens, an der Spitze des Stiefels, wurde die Sklavenarmee von den Legionen des Marcus Licinius Crassus eingeschlossen. Hoffnungen, mit der Hilfe von Seeräubern aus Kilikien, zu denen Spartacus Verbindung aufgenommen hatte, nach Sizilien überzusetzen, zerschlugen sich. In der entscheidenden Schlacht 71 v. Chr. siegte Crassus; viele Sklaven, auch Spartacus selbst, wurden in dem Gefecht getötet. Sein Name aber wurde zum Mythos und zum Symbol für den Kampf gegen Unterdrückung und Sklaverei. An die Abschaffung der Sklaverei an sich hat Spartacus aber nie gedacht. Alles, was er wollte, war, sich und seinen Mitstreitern die persönliche Freiheit zu erkämpfen.

In der entscheidenden Schlacht 71. v. Chr. siegen die römischen Truppen unter dem Oberbefehlshaber Crassus über die Sklavenarmee von Spartacus (Kupferstich von Matthäus Merian d. Ä., 1630).

Die römische Wirtschaft war in verschiedensten Bereichen auf Sklavenarbeit angewiesen. Hier ein Sklave bei den Vorbereitungen eines Banketts (römisches Mosaikfragment, um 180/190)

altes Fahrzeug, altes Eisenzeug, alt gewordene Sklaven, kränkliche Sklaven und was es sonst Überflüssiges gibt, soll der Gutsherr verkaufen."

Bevor es dazu kam, suchten viele Sklaven ihr Heil in der Flucht. Die Aussichten, damit durchzukommen, standen jedoch schlecht. Denn die Flüchtigen waren äußerlich leicht als Sklaven zu identifizieren. Sie mussten eine Halskette tragen, auf der Name und Anschrift des Besitzers eingraviert waren, ergänzt durch die Aufforderung an den Finder, den Sklaven wieder zurückzubringen. Entlaufenen Sklaven, die aufgegriffen wurden, drohten schwere Strafen. Üblich war der Tod am Kreuz – eine typische Bestrafung für unbotmäßige Sklaven.

Die in der Landwirtschaft eingesetzten Sklaven hatten ein schweres Los. Harte Arbeit, Strapazen und Entbehrungen prägten ihr Leben. Eher noch schlechter ging es den Sklaven im Bergbau. Hier herrschten so unmenschliche Bedingungen, dass die Arbeit dort einem Todesurteil gleichkam.

Bürgerrecht in Griechenland und Rom

In den antiken Gesellschaften gab es Freie und Unfreie. Die Freien wurden außerdem in Bürger und Nichtbürger eingeteilt. Nur wer Bürger war, verfügte über alle politischen und sozialen Rechte und durfte sich als fester Bestandteil der Gemeinschaft betrachten. In den griechischen Stadtstaaten wurde man in der Regel durch Geburt zum Bürger. In der Zeit des Hellenismus etablierte sich auch die Verleihung des Bürgerrechts an Nichtbürger. Für die Registrierung wurden eigene Bürgerverzeichnisse angelegt.

Auch in Rom entschied zunächst die Abstammung darüber, ob man Bürger war oder nicht. Je mehr Rom expandierte und zur Hauptstadt eines globalen Imperiums wurde, desto mehr stellte sich die Frage nach der rechtlichen Qualität der Unterworfenen.

Dabei ging man mit der Verleihung des Bürgerrechts sehr großzügig um. In der Kaiserzeit wurde Bevölkerungsgruppen und später sogar ganzen Städten im Reich die civitas übertragen. So konnte auch der Apostel Paulus, der aus dem kilikischen Tarsos im südöstlichen Kleinasien stammte, stolz verkünden: „Civis Romanus sum" – „Ich bin ein römischer Bürger." Wer in den römischen Hilfstruppen (Auxilien) diente, erwarb nach 25 Jahren automatisch das Bürgerrecht. Die Nachkommen freigelassener Sklaven wurden ebenfalls zu römischen Bürgern. Nachdem Kaiser Caracalla 212 n. Chr. sämtlichen freien Bewohnern in den römischen Provinzen das Bürgerrecht verliehen hatte, war im Römischen Reich der Gegensatz zwischen Bürgern und Nichtbürgern praktisch aufgehoben.

So ist es kein Wunder, dass sich heutzutage die Vorstellung festgesetzt hat, ein Sklave in der Antike sei jemand gewesen, der unter den unwürdigsten Bedingungen, mit bloßem Oberkörper und ständig gequält von den Peitschenhieben brutaler Aufseher einer erniedrigenden Tätigkeit nachging. Doch das traf nicht in allen Bereichen zu. Nicht wenige Sklaven hatten das Glück, in Berufen eingesetzt zu werden, bei denen sie sogar einiges Ansehen gewinnen konnten. Begehrt waren in den Kreisen römischer Aristokraten beispielsweise Lehrer und Ärzte aus Griechenland. Zwar waren sie unfrei, doch gehörten sie ganz selbstverständlich zum Haushalt und hatten in der Familie einen vergleichsweise hohen Stellenwert. Frauen fanden als Dienerinnen vornehmer Damen ein gutes Auskommen. Andere hingegen hatten sich in zweifelhaften Etablissements als Tänzerinnen oder als Prostituierte zu verdingen.

In der römischen Kaiserzeit kam Catos Methode, Sklaven zu verkaufen, bevor sie zu viel Geld kosteten, aus der Mode. Stattdessen etablierte sich das Verfahren der Freilassung, das bereits von den Griechen praktiziert worden

war, wenn auch nicht in demselben Ausmaß wie von den Römern. Die Freilassung galt als Belohnung für gute und treue Dienste und war zugleich gedacht als Ansporn für Sklaven, sich so vorbildlich zu verhalten, dass auch sie die Aussicht hätten, später einmal durch ihren Herrn aus der Sklaverei entlassen zu werden.

Als Freigelassener hatte der ehemalige Sklave noch keine bürgerlichen Rechte und gehörte in der Regel noch zur Klientel seines Ex-Patrons. Doch seine Nachkommen waren bereits automatisch römische Bürger. Viele Freigelassene profilierten sich als erfolgreiche Geschäftsleute. In der Kaiserzeit gewannen sie sogar erheblichen politischen Einfluss. Kaiser Claudius, der von 41 bis 54 n. Chr. regierte, besetzte wichtige Ämter in der kaiserlichen Verwaltung mit Persönlichkeiten aus dieser Bevölkerungsschicht. Dass ihre Vorfahren Sklaven gewesen waren, stellte dabei keinen Makel dar.

Die Sklaverei als solche wurde in der Antike nie infrage gestellt. Doch gab es einzelne Persönlichkeiten, die im Umgang mit Sklaven für mehr Humanität plädierten, als es normalerweise der Fall war. Der Philosoph Seneca (4 v. Chr. – 65 n. Chr.) setzte sich dafür ein, im Sklaven nicht eine Sache, sondern einen Menschen zu sehen, den man freundschaftlich behandeln solle. Römische Kaiser trafen Verfügungen, die das Los von Sklaven erleichtern sollten. Tiberius (14–37 n. Chr.) untersagte den Einsatz von Sklaven beim Kampf gegen wilde Tiere in der Arena. Claudius erklärte die Tötung von Sklaven zu einem strafbaren Delikt, das den Tatbestand des Mordes erfüllte. Hadrian (117–138 n. Chr.) verbot den Verkauf von Sklavinnen an Bordelle. Antoninus Pius (138–161 n. Chr.) stellte die Misshandlung von Sklaven unter Strafe. Und Kaiser Diokletian (284–305 n. Chr.) ergriff Maßnahmen gegen die Aussetzung von Sklavenkindern.

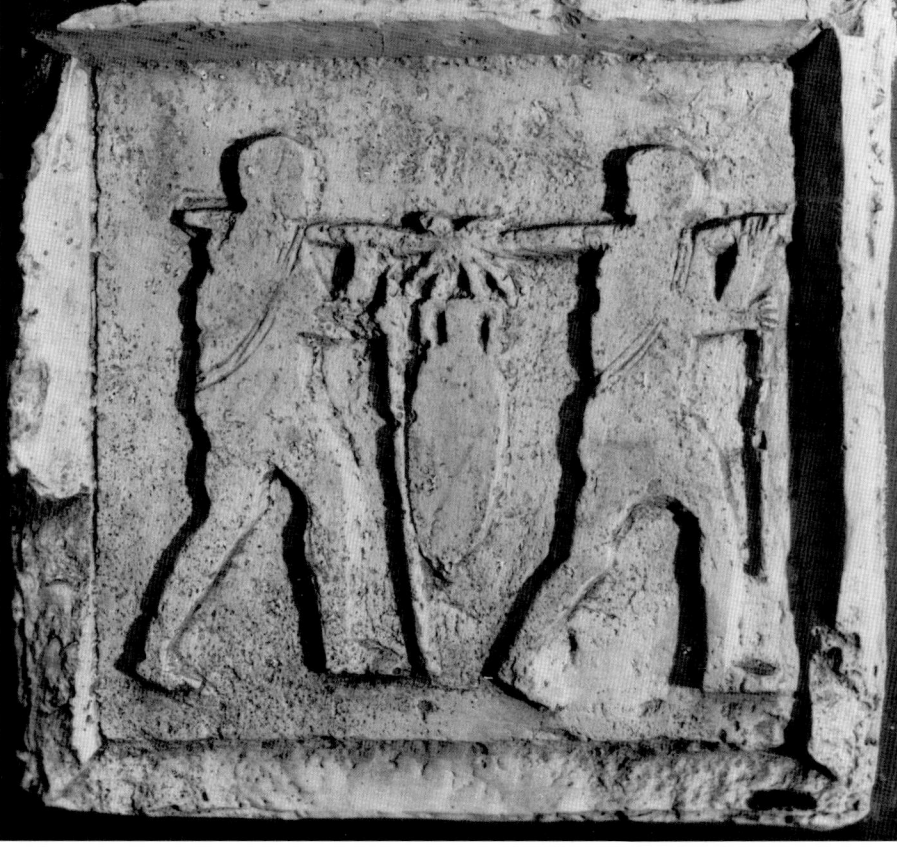

Zwei Sklaven tragen eine Amphore (Relief aus Pompeji, 1. Jahrhundert n. Chr.).

Stadt und Land

Über die gesamte Antike hinweg waren die meisten Menschen in der Landwirtschaft tätig, und so war die Landbevölkerung der Stadtbevölkerung immer zahlenmäßig überlegen. Zugleich hat es auch seine Berechtigung, wenn die Kultur der Antike gerne als eine urbane bezeichnet wird: Städte prägten Politik, Wirtschaft und Alltag dieser Zeit; von den Städten der Griechen und der Römer gingen jene zivilisatorischen Impulse aus, die man bis heute als charakteristisches Erbe der Antike ansieht.

Naturgemäß spielten Städte, die Herrschern als Residenzen dienten oder denen anderweitig die Funktion einer Hauptstadt zukam, im Ensemble antiker Siedlungen eine herausragende Rolle. Manche waren praktisch auf der grünen Wiese gegründet worden, wie es Alexander der Große 331 v. Chr. mit Alexandria getan hatte. Andere wie Athen oder Rom waren gewachsene Städte, die sich über einen längeren Zeitraum hinweg kontinuierlich entwickelt hatten.

Im alten Ägypten schufen die Pharaonen mit Memphis und Theben prächtige Residenzstädte. Eine eindrucksvolle Visitenkarte monarchischen Glanzes und königlicher Macht war die Stadt Babylon, am Ufer des Euphrat im heutigen Irak gelegen. Insbesondere war es König Nebukadnezar II. (605–562 v. Chr.), der riesige Summen investierte, um die „schönste Stadt der Welt" – darüber waren sich die Zeitgenossen einig – zu schaffen. Prunkstück waren der königliche Palast, das Ischtar-Tor und der 96 Meter hohe Zikkurat für den Gott Marduk, das Vorbild für den biblischen „Turm zu Babel". Die Metropole lockte so viele Menschen aus aller Herren Länder an den Euphrat, dass die Stadt mehrere Hunderttausend Einwohner hatte. Damit war Babylon in der Zeit Nebukadnezars die größte Stadt der Welt.

Eine eigentümliche Kombination von Stadt und Land stellte die Polis der Griechen dar. Deren Bedeutung kann man schon daran ablesen, dass viele moderne Begriffe von dem Namen „Polis" abgeleitet sind, wie etwa „Politik" oder „Polizei". Die Polis war im staatlichen Sinne der Verbund aller Menschen, die auf ihrem Gebiet lebten. Im konkreten Sinne bestand eine Polis aus einem städti-

schen Zentrum und einem ländlichen Umland. Nirgendwo bildeten Stadt und Land eine vergleichbare Einheit. Die griechische Polis definierte „Stadt" auch nicht durch eine große Einwohnerzahl, wie es in modernen Kategorien häufig geschieht. So wanderte im 2. Jahrhundert n. Chr. der griechische Reiseschriftsteller Pausanias durch Griechenland und stieß dabei in der Landschaft Phokis auf einen winzigen Ort namens Panopeus. Hier gab es keine typisch urbanen Strukturen wie Amtsgebäude, Theater, Gymnasien, einen Markt oder Wasserleitungen. Und doch durfte sich Panopeus „Stadt" nennen, weil, wie Pausanias bekundet, es Grenzen zur Nachbarstadt gab und man Vertreter in die Bundesversammlung von Phokis entsandte. Tatsächlich hatten die meisten griechischen Städte in der Regel nicht mehr als 3000 Einwohner.

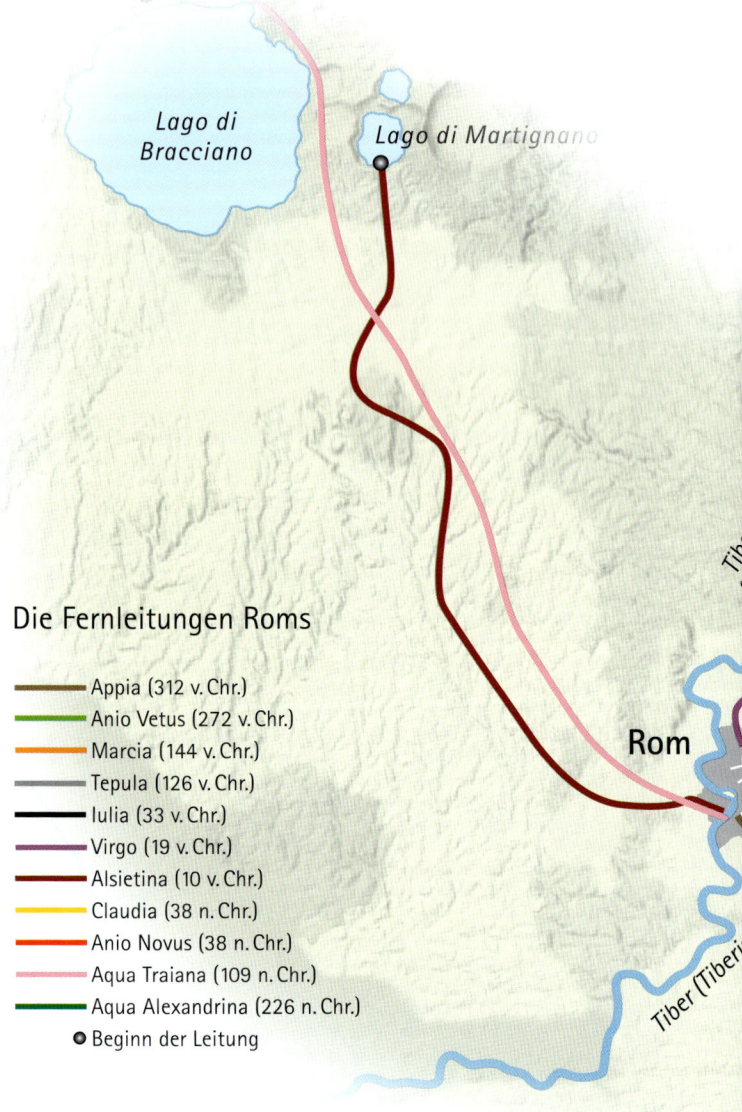

Die Fernleitungen Roms

— Appia (312 v. Chr.)
— Anio Vetus (272 v. Chr.)
— Marcia (144 v. Chr.)
— Tepula (126 v. Chr.)
— Iulia (33 v. Chr.)
— Virgo (19 v. Chr.)
— Alsietina (10 v. Chr.)
— Claudia (38 n. Chr.)
— Anio Novus (38 n. Chr.)
— Aqua Traiana (109 n. Chr.)
— Aqua Alexandrina (226 n. Chr.)
● Beginn der Leitung

Athen mit seinen etwa 300 000 Einwohnern bildete einen Sonderfall und sprengte die Grenzen dessen, was die Griechen normalerweise gewohnt waren.

Für die Griechen war Leben in der Stadt nicht nur eine praktische Angelegenheit. Kluge Köpfe dachten auch intensiv über die ideale Stadt nach. Der Philosoph Platon folgte zum Beispiel einer populären Zahlenmystik: Das Produkt von 1 x 2 x 3 x 4 x 5 x 6 x 7, nämlich 5040, galt für ihn als perfekte Anzahl von Einwohnern in einer Stadt.

Im 5. Jahrhundert v. Chr. lebte in der reichen Handelsstadt Milet der Grieche Hippodamos. Er gilt als einer der großen Pioniere der Stadtplanung. Die für die Antike charakteristische, einem Schachbrett ähnelnde Stadtanlage mit einem System von sich rechtwinklig schneidenden Straßen und dazwischen liegenden Plätzen und Wohnblöcken erhielt von Hippodamos wichtige Impulse. Jedoch ist er nicht der Erfinder der „hippodamischen" Stadtanlage gewesen. Vielmehr entwickelte er Prinzipien weiter, die zuvor bereits in griechischen Kolonialstädten auf Sizilien und in Süditalien zur Anwendung gelangt waren.

In der Zeit des Hellenismus waren Stadtplaner und Architekten bemüht, der Bevölkerung ein angenehmes Leben und komfortables Wohnen zu bieten.

In Alexandria sorgten die Verantwortlichen mit der durchdachten Ausrichtung der Hauptstraßen dafür, dass die von Norden kommenden Etesien im Sommer für ein kühles, angenehmes Klima in der brodelnden Metropole sorgten, während die heißen, ungesunden Südwinde durch einen Höhenzug abgehalten wurden.

Alexander der Große hatte mit der Gründung von Alexandria in Ägypten urbane Maßstäbe gesetzt. Die aus den Diadochenkämpfen hervorgegangenen hellenistischen Könige eiferten seinem Vorbild nach und traten als Städtegründer oder als Förderer bereits bestehender Städte in Erscheinung. Die Ptolemäer wählten Alexandria zu ihrer Residenz und herrschten dort über eine Bevölkerung, die aus Ägyptern, Griechen und Juden bestand. Ähnlich kosmopolitisch war die Bevölkerung in anderen hellenistischen Metropolen wie Antiochia (Antakya) und Seleukia zusammengesetzt.

Keine Stadt der Antike konnte es aber mit dem *caput mundi* aufnehmen. So nannten die Römer in der für sie typischen Unbescheidenheit ihre Hauptstadt. Dabei war es der Stadt am Tiber nicht von Anfang an in die urbane Wiege gelegt worden, einmal das „Haupt der Welt" zu

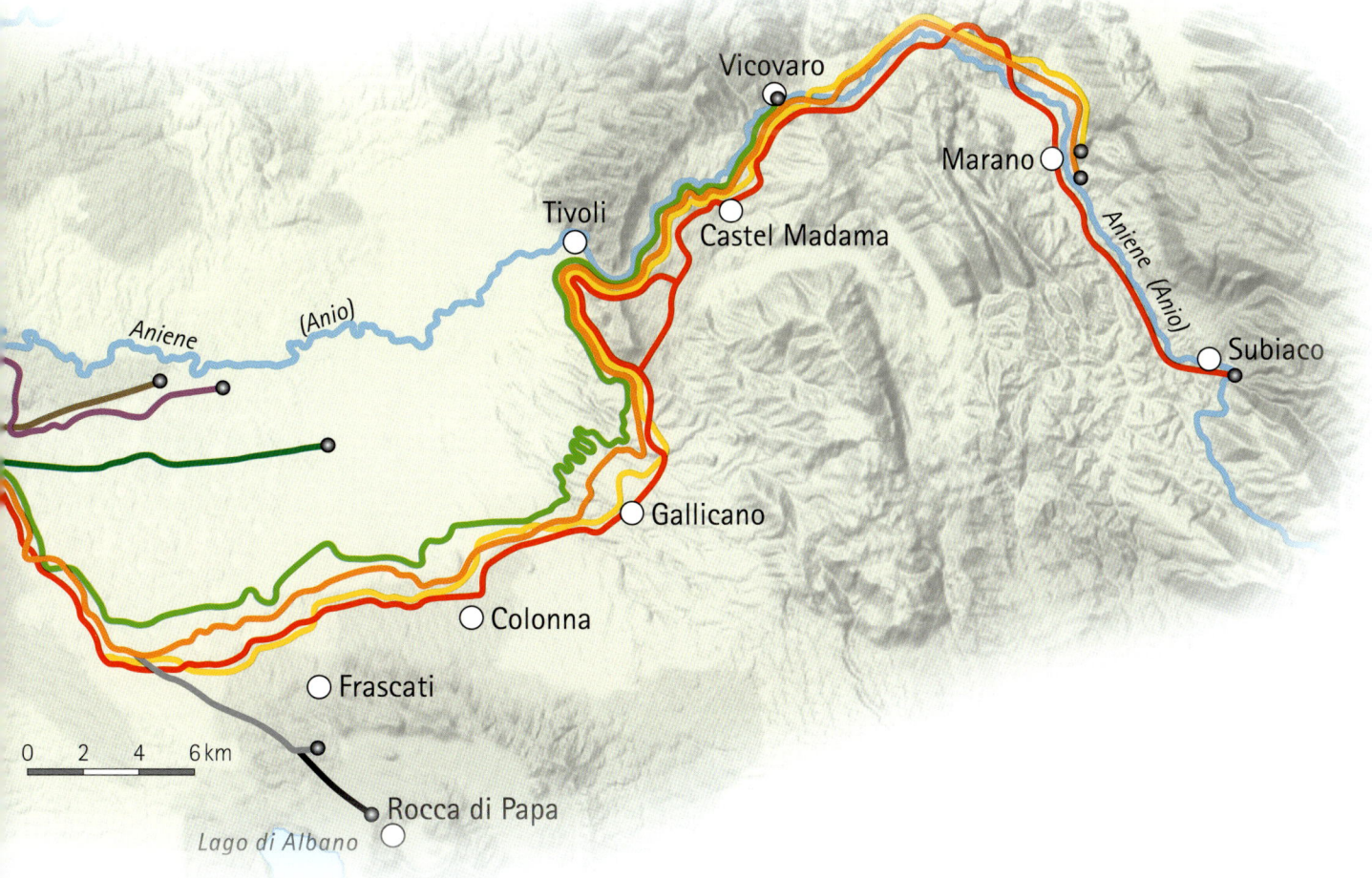

sein. Bis zur Millionenstadt war es ein langer Weg. Doch wie die Welt durch Eroberungen immer römischer wurde, so wurde auch Rom durch die Ausbreitung des Imperiums zu einer Weltstadt. So ist in einem spätantiken Inventar mit buchhalterischer Präzision der beeindruckende Bestand an öffentlichen und privaten Gebäuden festgehalten worden. Gezählt wurden: 1790 private Wohnhäuser und 46602 Mietshäuser, 190 Getreidespeicher, 254 Mühlen, 8 große Plätze, 11 Foren, 36 Triumphbögen, 11532 Brunnen, 28 Bibliotheken, 2 Zirkusse, 2 Amphitheater, 3 Theater, 11 große Thermen und 856 private Badeanstalten.

In Scharen strömten Fremde aus allen Teilen des Imperiums in die Stadt, um dort ihr Glück zu suchen. Eine große Gruppe stellten Einwanderer aus dem Orient dar, vor allem aus Syrien und Ägypten. Sie lebten bevorzugt in den Quartieren in jenem Stadtteil, der früher *trans Tiberim* („Jenseits des Tiber") und heute Trastevere heißt. Sie brachten ihre eigenen Götter mit, die ohne Schwierigkeiten in den römischen Pantheon Eingang fanden, bevor das Christentum die vielfältige Religionslandschaft uniformierte. Manche Römer beschwerten sich über den Zuzug aus der Fremde. Eines ihrer Sprachrohre war der Schriftsteller Juvenal, der um 100 n. Chr. sein Unbehagen in die Metapher kleidete, der syrische Fluss Orontes sei nun in den Tiber geflossen. Doch das waren Ausnahmen. Die Fremden wurden im Normalfall ohne Probleme in die offene Gesellschaft der Stadt Rom integriert, auch deswegen, weil es die Politiker vorgemacht hatten: In der Kaiserzeit saßen im römischen Senat schon längst nicht mehr nur alteingesessene Römer, sondern auch Funktionsträger aus Spanien, Gallien, Griechenland und Ägypten.

In einer modernen Stadt wie Rom – als Zentrum von Politik und Gesellschaft immer besonderes Objekt der Fürsorge vonseiten der Herrschenden – durften sich die Bewohner über alle Annehmlichkeiten des täglichen Lebens freuen. Frisches Wasser floss über mehrere Kilometer hinweg über Aquädukte in die Stadt. Umgekehrt wurde das Abwasser durch die *Cloaca Maxima* entsorgt. Wenn es brannte, war seit Kaiser Augustus eine bestens ausgerüstete, gut organisierte staatliche Feuerwehr rasch zur Stelle. Damit das Getümmel in den Straßen keine lebensbedrohlichen Dimensionen annahm, hatte der Diktator Julius Caesar aus der römischen Innenstadt die erste Fußgängerzone der Weltgeschichte gemacht. Per gesetzlicher Verfügung war es Fahrzeugen aller Art – also Pferde- und Ochsenkarren, Lastwagen, Reitern, Sänften – zwischen Sonnenaufgang und Sonnenuntergang verboten, durch die Straßen zu fahren. Sie waren für diesen Zeitraum allein dem Fußgängerverkehr vorbehalten. Wenn die Sonne unterging, fielen die vor den Mauern wartenden Wagen in die Stadt ein, ratterten über die gepflasterten Straßen und machten dabei einen solchen Lärm, dass für die geplagten Stadtbewohner an Schlaf nicht zu denken war. So zahlte man für die Abwesenheit von Wagenverkehr am Tag in der Nacht einen hohen Preis.

Im August 79 n. Chr. kam es zu einem verheerenden Ausbruch des Vesuv. Der Vulkan, der als erloschen galt, richtete in der fruchtbaren Gegend um den Golf von Neapel schwere Schäden an. Zerstört wurde auch die blühende Landstadt Pompeji. Dank der Konservierung durch die Lavamassen ist Pompeji nach seiner neuzeitlichen Wiederentdeckung ein Glücksfall für die Rekonstruktion dessen, was städtisches Leben in der Antike bedeutete.

Unter Asche und Lava kam eine vitale Stadt zum Vorschein, die zum Zeitpunkt der Katastrophe etwa 20000 Einwohner hatte. 2000 Menschen kostete die Eruption das Leben. Pompeji war eine Stadt, in der sich einfache Wohnhäuser, denen häufig Werkstätten oder Geschäfte angeschlossen waren, mit den prächtig ausgestatteten Villen der Reichen abwechselten. Wie in Rom, so gab es auch in Pompeji ein breites Angebot für Freizeit und Kultur. Das Amphitheater, in dem sich das Publikum an Gladiatorenkämpfen und Tierhetzen begeisterte, gehörte zu den ältesten Stätten dieser Art in Italien. Es stammte aus der ersten Hälfte des 1. Jahrhunderts v. Chr. und war damit gut 150 Jahre älter als das berühmte Kolosseum in Rom.

Reiche Römer verfügten über mehrere Häuser, einige in der Stadt und einige auf dem Land. Das Landleben war für Kaiser, Adel und Senatoren, anders als für die hart arbeitenden Bauern, eine Gelegenheit zur Muße und zugleich auch ein Statussymbol. In ihren großzügigen Villen, entweder in Stadtnähe oder direkt am Meer gelegen, empfingen sie standesgemäße Besuche, lasen oder züchteten Fische. Cicero, der bekannte Politiker und Schriftsteller des 1. Jahrhunderts v. Chr., nannte sieben solcher Landvillen sein eigen, obwohl er noch nicht einmal zur ersten Riege der römischen Spitzenverdiener gehörte. Sein Kollege Lucullus war da noch besser gestellt: Seine vielen Villen waren berühmt für die Gastmähler, die der Hausherr als hochgeschätzter Gourmet seinen Gästen servieren ließ – lukullische Köstlichkeiten eben.

Wirtschaft und Handel

Für die antiken Völker und Kulturen war das Mittelmeer der zentrale, alles verbindende Faktor. Seit der frühesten Antike bildete das Meer daher auch einen Wirtschaftsraum. Die Minoer von der Insel Kreta beherrschten in der Mitte des 2. Jahrtausends v. Chr. die Handelsrouten im ostmediterranen Gebiet. Phönizische Seeleute wagten sich um 1000 v. Chr. mit wertvollen Gläsern, Purpur und kostbaren Gewändern an Bord von den Küsten des Libanon bis in das ferne Spanien, angelockt von den sagenhaften Reichtümern an Edelmetallen. Griechische Schiffe kreuzten durch die Ägais und das Schwarze Meer, um Fisch und Sklaven zu beziehen.

Antike Handelsrouten

······ Antike Seewege

Unter den Römern wurde das Mittelmeer Teil eines universalen Großreiches. *Mare nostrum*, „unser Meer", nannten es die selbstbewussten Herren der Welt und brachten damit die von ihnen erhobenen Besitzansprüche zum Ausdruck. Die Ordnungsmacht vom Tiber übernahm auch eine Art Polizeifunktion. So sorgte eine große Flotte unter dem Kommando des Pompeius in den 60er Jahren des 1. Jahrhunderts v. Chr. dafür, dass dem Treiben der in Kilikien beheimateten Piraten in den griechischen und kleinasiatischen Gewässern ein Ende gesetzt wurde. Danach konnte das Meer als sicher gelten. Unter römischer Ägide erlebte der Handel eine weitgehend ungestörte Blütezeit. Die für Italien lebenswichtigen Getreidelieferungen aus Ägypten oder

den Regionen ums Schwarze Meer konnten somit ohne Gefahren an ihr Ziel gelangen.

Bereits als Folge der Eroberungen Alexanders des Großen im 4. Jahrhundert v. Chr. hatte sich die Wirtschaft Europas auch in Richtung Asien orientiert. In der römischen Kaiserzeit wurde der Handel mit Indien und China weiter intensiviert. In Europa, insbesondere in Italien, bestand in den Oberschichten ein erheblicher Bedarf an Luxuswaren wie Seide oder Elfenbein. Im 1. Jahrhundert n. Chr. wurden nach den Angaben von antiken Quellen in Rom und Italien jährlich 100 Millionen Sesterzen für Waren aus dem Fernen Orient und aus Arabien aufgewendet. Sie kamen meist auf dem Seeweg über die Häfen am Roten Meer und dann über

den Nil nach Alexandria in den Mittelmeerraum. Exportiert wurden im Gegenzug landwirtschaftliche Produkte oder Textilien.

Handel zur See war grundsätzlich kostengünstiger als der Transport von Waren über Land. Dennoch stand für den Binnenhandel wie auch für den Außenhandel auf dem Landweg eine ganze Reihe von Routen zur Verfügung. China, Indien und Persien waren mit dem Westen

In der Frühzeit wurden die Geschäfte mit Waren und Gütern nach dem Prinzip des Tauschhandels – Ware gegen Ware – organisiert. In einem nächsten Schritt dienten Metalle wie Gold und Silber als Wertmesser, in Klumpen oder Barren abgewogen. Das römische Wort für „Geld" – *pecunia* – signalisiert, dass im frühen Rom auch Vieh (lateinisch *pecus*) als Parameter bei der Abwicklung von Geschäften fungierte.

Griechische Kaufleute (altkolorierter Holzstich nach einer Zeichnung von Heinrich Leutemann, um 1865)

durch alte Straßen verbunden, die von den persischen Achämeniden seit dem 6. Jahrhundert v. Chr. ausgebaut wurden. Vorzeigeobjekt war die berühmte Königsstraße, die über mehr als 2500 Kilometer die persische Residenzstadt Susa mit dem kleinasiatischen Sardes verband. Andere Routen führten vom Mittelmeer Richtung Norden, wo sie auf die unter dem Namen „Bernsteinstraße" zusammengefassten Handelswege zur Ost- und Nordsee trafen.

Gegen Ende des 7. Jahrhunderts v. Chr. wurden die ersten Münzen als Zahlungsmittel geprägt. Damit begann die Geschichte des Geldes. Die Erfindung dieser praktischen Form des wirtschaftlichen Austausches wird den Lydern im westlichen Kleinasien zugeschrieben. Sie verfügten über einen weiten Handelsradius und waren deshalb an einer solchen Vereinfachung der Modalitäten sehr interessiert. Die ersten Münzen, oval geformt, bestanden aus einer Elektron genannten Legierung von Gold und

Silber. Bald danach übernahmen auch griechische Städte das Münzgeld, zunächst Aegina, danach Korinth, Athen und Syrakus.

Die prägende Instanz, sei es ein Monarch, sei es eine Stadt, garantierte die Echtheit der Münze – das heißt Gewicht und Feingehalt des verwendeten Metalls – durch Bild und Aufschrift. Die Athener beispielsweise verwendeten als Bild die Eule der Göttin Athene, die Korinther

(„die Freigebigkeit des Kaisers"). Als sich im 2. und vor allem 3. Jahrhundert n. Chr. die wirtschaftlichen Verhältnisse im Imperium Romanum zu verschlechtern begannen, reagierten die Verantwortlichen mit einer Reduzierung des Feingehalts der Münzen.

Das Rückgrat der antiken Wirtschaft bildete zu allen Zeiten die Landwirtschaft. In Griechenland litt das Agrarwesen unter der Kargheit des Bodens, sodass die Ernäh-

das geflügelte Pferd Pegasus. Den Höhepunkt erreichte die antike Geldprägung bei den hellenistischen Königen und den römischen Kaisern. Deren Münzen zeigten auf der Vorderseite das Porträt des Herrschers und auf der Rückseite verschiedene häufig aus Mythos und Religion stammende Bildmotive. Der Kaiser in Rom nutzte zudem die Rückseite für komprimierte Botschaften an die Bevölkerung oder an das Militär – etwa wenn er mit der Legende *liberalitas Augusti* die Untertanen daran erinnerte, dass er ein Herrscher war, der gerne etwas spendierte

rung der Bevölkerung durch den Import von Getreide gesichert werden musste. In Rom hatten die einfachen Bauern mit der Konkurrenz der Großgrundbesitzer zu kämpfen, die über eine große Masse an Sklaven verfügten.

Viele Menschen waren darüber hinaus als Handwerker beschäftigt oder betrieben ein mehr oder weniger lukratives Gewerbe. So erreichte die Antike eine beeindruckende Bandbreite an Branchen und Erwerbszweigen. Wie auf vielen anderen Gebieten, so stellt auch in dieser Hinsicht Pompeji einen Mikrokosmos dessen dar, was die antike

Welt in der frühen römischen Kaiserzeit insgesamt zu bieten hatte. Auf einer Liste der in der Stadt zu Füßen des Vesuv etablierten Erwerbszweige erscheinen die folgenden Berufe: Badheizer, Tuchwalker, Filzmacher, Färber, Mantelschneider, Goldschmied, Mattenfabrikant, Holzhändler, Holztransporteur, Maultiertreiber, Sackträger, Friseur, Ackerbauer, Winzer, Kuchenbäcker, Knoblauchhändler, Geflügelhändler, Advokat, Fischer, Schankwirt, Salbenhändler. Bekannt sind diese Branchen heute deswegen, weil sie sich zu Berufsverbänden zusammengeschlossen hatten und in dieser Eigenschaft per Graffiti Empfehlungen für Kandidaten bei den Wahlen zum Stadtrat gaben.

In den antiken Quellen finden sich auffällig viele negative Urteile über die arbeitende Bevölkerung. Doch das ist eine Frage der Perspektive. In den erhaltenen Texten kommen nur Menschen aus den Oberschichten zu Wort. So teilt der römische Schriftsteller Cicero im 1. Jahr-

Der athenische Tetradrachmon ist an der Eule zu erkennen, die für die Stadtgöttin Athene steht (Athen, 126/125 v. Chr.).

hundert v. Chr. berufliche Tätigkeiten ein in solche, die einem „freien Mann angemessen" sind, und solche, die „als schmutzig zu bezeichnen sind". In die zweite Kategorie ordnet er Zöllner, Wucherer, ungelernte Tagelöhner und Handwerker ein. Ganz unten rangieren Tätigkeiten, die nur „den sinnlichen Genüssen" dienen, namentlich Heringsbändiger, Fleischer, Köche, Hühnermäster und Fischer. Gnade findet vor dem strengen Blick Ciceros – der von den Erträgen seiner Güter lebte und sich deswegen in der Hauptstadt Rom voll und ganz den Aufgaben eines Politikers und Rechtsanwaltes widmen konnte – nur eine einzige Arbeit: „Von allen Erwerbsarten ist die Landwirtschaft die beste, die des freien Mannes würdigste."

Die Griechen urteilten in dieser Hinsicht nicht viel anders. Auf sie geht der Begriff „Banause" zurück. So

Palmyra – Drehscheibe des Handels

Die Oasenstadt Palmyra in Syrien war eines der großen Handelszentren der Antike. Aufgrund ihrer günstigen Lage am Knotenpunkt vieler wichtiger Karawanenwege waren es Kaufleute aus Palmyra, die den Handel zwischen dem Orient und dem Mittelmeerraum organisierten. Der Radius ihrer Unternehmungen reichte bis nach Indien und China, von wo aus sie in Europa begehrte Luxuswaren wie Seide und Parfüme importierten. Auf diese Weise wurde Palmyra zu einer der reichsten Städte der Antike, was sich auch in einer opulenten Ausstattung der Stadt mit prächtigen Gebäuden widerspiegelte.
Seit dem Ende des 1. Jahrhunderts v. Chr. war Palmyra Teil des Römischen Reiches. Politisch spielte die Stadt aber auch hier eine eigenständige Rolle. Im 3. Jahrhundert n. Chr., als die Bedrohung der römischen Ostgrenze durch die persischen Sassaniden immer

schwerwiegender wurde, befreite sich Palmyra von der römischen Vorherrschaft und gründete einen eigenen Herrschaftsbereich. Unter dem Fürsten Odaenathus dehnte sich das palmyrenische Reich bis nach Ägypten aus. Nach seiner Ermordung übernahm 267 n. Chr. seine Frau Zenobia die Macht. Die „Königin aus der Wüste" eroberte weitere Gebiete in Kleinasien und Arabien. 270 n. Chr. nahm sie den Titel Augusta an und erhob damit Anspruch auf die römische Kaiserkrone. Rom ließ sie zunächst gewähren, weil Palmyra dem Imperium die Grenzverteidigung gegen die Perser abnahm. 272 n. Chr. aber endete die ungewöhnliche Karriere der Zenobia. Kaiser Aurelian besiegte ihre Armee, die Königin kam als Gefangene nach Italien. Bis zur arabischen Eroberung im 7. Jahrhundert war die Stadt in der Wüste Teil des römischen und danach des byzantinischen Reiches.

nannten sie einen Menschen, der für sein täglich Brot im Schweiße seines Angesichts schuften musste. Vom Wortsinn her bezeichnete der Begriff „Banause" einen am Ofen – etwa als Schmied – tätigen Arbeiter. Diese herablassenden Wertungen waren natürlich extrem ungerecht. Sie dokumentieren eher die Mentalität der Adligen und reichen Bürger als das, was die arbeitende Bevölkerung tatsächlich leistete.

Wirtschaft und Handel waren in der gesamten Antike wichtige Bereiche des öffentlichen Lebens. Vor diesem Hintergrund ist es bemerkenswert, dass staatlich gelenkte Wirtschaftspolitik die Ausnahme darstellte. Die Herrschenden hielten sich aus dem freien Spiel der Kräfte im ökonomischen Sektor weitgehend heraus. Zwar waren viele militärische Unternehmungen auch von wirtschaftlichen Motiven gelenkt. Doch gehörte zum Repertoire der Politik noch nicht der Entwurf wirtschaftlicher Konzepte. Auch die hellenistischen Herrscher von Ägypten aus der Dynastie der Ptolemäer dachten mit ihrer rigiden Steuer- und Monopolpolitik nicht in solchen Kategorien. Ihnen ging es vor allem darum, aus dem Land, das ihr

persönlicher Besitz war, ohne jede Rücksicht auf andere Menschen möglichst viel herauszuholen.

Dieser Zustand der Passivität änderte sich erst in der römischen Kaiserzeit. Den Anfang machte Kaiser Domitian, der von 81 bis 96 n. Chr. das Reich regierte. Als auf den Märkten ein Überfluss an Wein und ein Mangel an Getreide herrschte, reagierte der Monarch mit einem Edikt: Ab sofort durfte niemand in Italien neue Weinstöcke anlegen, und in den Provinzen sollte die Hälfte der Weinpflanzungen vernichtet werden. Faktisch bedeutete dies eine Schutzmaßnahme für die Winzer in Italien. Noch viel weiter ging 301 n. Chr. Kaiser Diokletian (284–305 n. Chr.) mit seinem berühmten Höchstpreisedikt. Der umsichtige Herrscher reagierte mit dieser Initiative auf eine anhaltende Preissteigerung. So wurden nun für alle Waren, Erzeugnisse und Dienstleistungen von staatlicher Seite Maximaltarife festgelegt. Insgesamt 1000 Höchstpreise stellten die Fachleute des Kaisers zusammen. Ohne Erfolg, wie man heute weiß: Das Einzige, was die kaiserliche Administration damit erreichte, war ein blühender Schwarzmarkt.

Ein Schmied bei der Arbeit (Grabstein, 1. Jahrhundert n. Chr.)

Kultur und Wissenschaften

Religionen und Kulte

Literatur und Philosophie

Medizin

Technik

Die sieben Weltwunder

Der bedeutende griechische Philosoph Platon unterrichtet seine Schüler im Garten der nach ihm benannten Akademie in Athen. Athen war jahrhundertelang das wichtige intellektuelle und kulturelle Zentrum der Antike (Stahlstich von Johann Poppel, um 1850).

Religionen und Kulte

Bevor sich im 4. Jahrhundert das Christentum als dominierende Religion durchsetzte, war das religiöse Leben in der Antike von einer außerordentlichen Vielfalt geprägt. Zwar gab es in Ägypten, Persien, Griechenland oder Rom immer wieder Götter und Kulte, die von den Herrschenden besonders protegiert wurden und daher im Pantheon zeitweise oder auf Dauer eine herausgehobene Rolle spielten.

Das prominenteste Beispiel dafür ist der monotheistische Aton-Kult, den der ägyptische Pharao Echnaton (1367–1350 v. Chr.) als verbindliche Religion in ganz Ägypten einführte. Nach seinem Tod kehrte man jedoch sofort wieder zum alten Polytheismus zurück. Die Juden hingegen hielten über die Antike hinaus an ihrem Konzept des einen Gottes fest. In Persien war Ahura Mazda oberster Gott, daneben gab es aber eine Vielzahl von weiteren Reichs- und Lokalgöttern.

Nicht anders waren die Verhältnisse bei den Griechen. Nach einer frühen Phase, in der man wie in anderen Kulturen auch in der Natur, etwa in Hainen oder Flüssen, das Göttliche am Werk glaubte, entwickelte sich im Verlauf des 8. Jahrhunderts v. Chr. eine Götterwelt, deren Exponenten man menschliche Gestalt gab. Man versetzte sie auf den Berg Olymp, wo sie, ganz wie die Adligen der archaischen Gesellschaft, in einer strengen hierarchischen Ordnung lebten. Gleichzeitig ließ man es in der von Zeus geführten olympischen Götterfamilie so zugehen wie bei den irdischen Familien – geprägt

Die Ausbreitung des Christentums bis zum Jahr 325

- Kerngebiete des Christentums (zahlreiche Gläubige und starker Einfluss in Kultur und Verwaltung)
- Gebiete mit geringerem christlichen Einfluss
- Grenze des Römischen Reiches zu Beginn des 4. Jahrhunderts

von Liebe und Hass, Streit und Harmonie, in ständigem Kampf um Einfluss und Macht. Was eine zentrale Funktion von Religion angeht – dem Menschen die Furcht vor dem Tod zu nehmen und eine tröstliche Perspektive für das Jenseits zu liefern –, so hatte dieser Glaube nicht mehr zu bieten als die wenig erbauliche Aussicht auf ein freudloses Dasein im Hades.

Mit dem 600 v. Chr. einsetzenden Übergang von der Adelsgesellschaft zur Bürgergemeinschaft der Polis vollzog sich ein grundlegender Wandel der griechischen Religiosität. Zwar behielten die olympischen Götter ihren Platz als oberste Instanzen. Doch pflegte nun jede Stadt ihre eigenen lokalen Kulte. So erhoben die Athener die Göttin Athene zu ihrer speziellen Schutzgöttin. Zu Ehren der jeweiligen Polis-Götter fanden in regelmäßigen Abständen Feste und Prozessionen statt, wie in Athen die alle vier Jahre veranstalteten Panathenäen. Sie dienten allerdings weniger religiösen Zwecken als vielmehr dem Zusammenhalt der Polis-Gesellschaft.

Zur Verbreitung des Christentums unternahm der Apostel Paulus mehrere Reisen in den Mittelmeerraum.

Überregionale Bedeutung hatten in dieser Zeit der religiösen Zersplitterung die Kultorte Olympia und Delphi. Olympia war der Mittelpunkt des Zeus-Kultes. Alle vier Jahre wurden hier zu Ehren des Gottes sportliche und musische Wettkämpfe veranstaltet, die im Laufe der Zeit eine größere Bedeutung erlangten als die Pflege des Kultes, der diese Stätte ursprünglich gedient hatte. Delphi zog die Menschen wegen seiner berühmten Orakelstätte an. Im Heiligtum des Gottes Apollon erteilte das Medium Pythia auf Anfrage Auskünfte über den göttlichen Willen. Dies tat sie häufig auf sehr zweideutige Weise, sodass beim Nichteintreten der Prophezeiung die Auftraggeber die Mitteilung erhielten, sie hätten den Spruch der Pythia nicht richtig verstanden.

Auch wenn Zeus nominell seine Position als Göttervater verteidigen konnte, spielte sich mit Dionysos zunehmend ein anderer Gott in den Vordergrund. Dem Mythos nach war er einer der vielen unehelichen Söhne des Zeus. An dem Gott des Weines und der Fruchtbarkeit schätzten die Menschen das Orgiastische, das seinem Kult mehr

Vitalität verlieh als die meistens wenig inspirierenden Opferfeste, die von den staatlichen Priestern für die anderen Götter veranstaltet wurden.

Die Zeit des Hellenismus, als sich den Griechen nach dem Eroberungszug Alexanders des Großen neue Horizonte erschlossen, brachte die Bekanntschaft mit den Mysterienreligionen des Orients. Bei diesen Geheimkulten (so die Übersetzung des Begriffs „Mysterium") fanden viele Menschen jene religiöse Geborgenheit, die ihnen die starre, konventionelle olympische Götterwelt nicht vermitteln konnte. Anhänger der ägyptischen Götter Isis und Serapis (dies eine von den ersten Ptolemäern künstlich geschaffene Gottheit), des persischen Mithras oder der phrygischen Kybele fühlten sich im Kreise ausgewählter, durch Initiationen wie der Taufe berufener Gemeindemitglieder gut aufgehoben. Zudem boten diese Kulte eine intensive Begegnung mit der Gottheit, die durch die in den liturgischen Veranstaltungen hergestellte Illusion der Epiphanie, des persönlichen Erscheinens, ermöglicht wurde. Attraktiv waren diese neuen Kulte, die nur in dem Demeterkult von Eleusis ein originär griechisches Pendant hatten, auch deswegen, weil sie den Gläubigen eine positive Jenseitserwartung vermittelten: Kein trostloses Dasein im Hades, sondern Wiedergeburt und Auferstehung waren hier die attraktive Perspektive.

In der Zeit des Hellenismus entwickelte sich auch die Vorstellung vom göttlichen König, realisiert in einem ausgeprägten Herrscherkult. Im Gegensatz zum Orient hatten die Griechen bis dahin keine Neigung gezeigt, einen lebenden Menschen kultisch zu verehren. Die Könige selbst waren es, die nach den Diadochenkriegen die Initiative ergriffen und sich Beinamen wie „Soter" („Retter") und „Euergetes" („Wohltäter") zulegten. Die sakrale Sphäre, in die sich die Monarchen entrückten, hatte indes vor allem eine politische Funktion. Es galt, die Herrschaft, die sie in den Kriegen erworben hatten, zu legitimieren und zu fundieren. Auf der anderen Seite sehnten sich die Menschen in diesen Krisenzeiten nach einer starken Führungspersönlichkeit mit religiöser Aura. So heißt es in einem Hymnos auf den Diadochen Demetrios Poliorketes aus dem frühen 3. Jahrhundert v. Chr.: „Die anderen Götter sind weit fort oder sie haben keine Ohren oder sie sind gar nicht vorhanden oder sie achten nicht auf uns. Dich aber sehen wir ganz leibhaftig, nicht in Holz und nicht in Stein, sondern in Wirklichkeit."

Die Religion der Römer war in ihren Ursprüngen eine Religion der Bauern. Hinter den vielfältigen Ausformungen der Natur vermuteten sie ein göttliches Prinzip am Werk, das sie *numen* nannten. Über die Griechen in Süditalien lernten sie die griechischen Götter kennen, die sie in römischer Deutung und Terminologie übernahmen. So wandelte sich der griechische Zeus bei ihnen zu Jupiter, aus Ares wurde Mars, aus Aphrodite Venus. Charakteristisch für die Einstellung der Römer zur Religion war

Die Katakomben

Gemäß einer verbreiteten Vorstellung waren die Katakomben Verstecke und Zufluchtsorte während der Zeit der Christenverfolgungen. Doch entspringt diese angebliche Funktion eher der Erfindung als der Realität. Ihre Bezeichnung haben die Katakomben von dem Namen eines Steinbruchs bei Rom (ad catacumbas). Hier entstanden in frühchristlicher Zeit groß dimensionierte, verzweigte unterirdische Grabanlagen, in denen die Christen ihre Toten bestatteten. Dabei überwog Brandbestattung gegenüber Erdbestattung. Ihre Bedeutung als Nekropolen verdanken die Katakomben auch dem Umstand, dass Grabstätten in der Regel teuer waren. Die Gemeinschaftsgräber waren billiger und intensivierten darüber hinaus die sozialen Bindungen zwischen den Gemeindemitgliedern. Die am besten erhaltenen Katakomben befinden sich an der Via Appia bei Rom. In der Antike wurden Friedhöfe niemals innerhalb geschlossener Siedlungen angelegt, sondern immer separat. Die Römer pflegten ihre Verstorbenen längs der großen, aus den Städten herausführenden Straßen zu bestatten.

us

Antiochia

Seleucia

SYRIEN

ÖNIKIEN

Sidon

Damaskus

Tyrus

aesarea

Jerusalem

ein ausgesprochener Pragmatismus. Zwar baute man den Göttern Tempel und ehrte sie mit Opfern und Prozessionen. Doch von echtem religiösem Empfinden war dabei keine Spur. Die Götter waren aus der Sicht der Römer Vertragspartner, mit ihnen verbunden durch das Band der *pietas.* Dieser Begriff, häufig wenig aussagekräftig mit „Frömmigkeit" übersetzt, kennzeichnete das Verhältnis zwischen Göttern und Menschen, das auf der gegenseitigen Erfüllung von Pflichten beruhte: Die Menschen opferten und beteten, die Götter revanchierten sich, indem sie für Schutz, Sicherheit und Erfolg sorgten.

Die Ausbreitung der römischen Herrschaft in der gesamten Mittelmeerwelt und darüber hinaus bis nach Germanien und Britannien bedeutete in religiöser Hinsicht die Begegnung mit vielen fremden Göttern und Kulten. Diese fanden in der Regel ohne Schwierigkeiten Einzug in den römischen Pantheon – zum einen, weil Liberalität und Toleranz in religiösen Angelegenheiten zum imperialen Erfolgsrezept der Römer gehörten, zum anderen, weil die Römer fremde Götter mit ihren eigenen identifizierten und in ihnen daher nur anders benannte Erscheinungsformen ihres eigenen göttlichen Personals sahen.

Die Menschen bringen dem Gott Mars Tieropfer dar und erwarten dafür seine Gunst (Relief, Marmor, um 48 n. Chr.).

Wie bei den Griechen, so hielten auch in Rom und Italien seit dem 1. Jahrhundert v. Chr. die Mysterien- und Erlösungsreligionen des Ostens Einzug. Auch für diese Kulte galt der Grundsatz der religiösen Toleranz. Anders verhielt es sich sich mit der Religion der Juden. Seit dem 2. Jahrhundert v. Chr. gab es in der Hauptstadt eine jüdische Gemeinde. Immer wieder ist in den Quellen von Ausweisungen die Rede. Gleiches gilt, sogar in noch intensiverer Weise, für die Christen. Erstmals kam es unter

Kaiser Nero 64 n. Chr. nach dem Brand von Rom, den man zu Unrecht den Christen zuschrieb, zu Verfolgungen. Im 3. Jahrhundert n. Chr., während der ersten großen Krise des Römischen Reiches, folgten reichsweite, systematische Christenverfolgungen. Diese hatten jedoch nichts mit Religion zu tun. Die Christen mussten als Sündenböcke herhalten: Man beschuldigte sie, mit ihrem Glauben die traditionellen Götter verärgert zu haben, die deswegen Kriege, Krisen und Katastrophen schickten.

Laurentum

DAUNIA

Adriatisches
Meer

Cumae
● Neapolis

OENOTRIA

Tyrrhenisches
Meer

Ionisches
Meer

Drepanum ● Eryx
● Panormos

Acesta
(Segesta)

Ätna

SICILIA

Utica

Karthago

Syrakus

MITTELMEER

Die Route des Aeneas
(Rekonstruktion nach Vergil)

- - - Route des Aeneas
● Stationen des Aeneas
● Städte

Literatur und Philosophie

„Alles fing mit den Griechen an." Diesen Satz liest man oft so oder so ähnlich, sobald man eine Darstellung der europäischen Kulturgeschichte aufschlägt. Und tatsächlich dürfen die Hellenen in sehr vielen Bereichen des Geisteslebens das Urheberrecht für sich beanspruchen. Nur die noch älteren Hochkulturen in Ägypten, Mesopotamien und Anatolien hatten schon vor den Griechen kulturell wertvolle Pionierarbeit geleistet. In Europa aber waren die Griechen am Anfang konkurrenzlos und wurden ihrerseits zum Vorbild, ins-

besondere für die Römer, die das Erbe der Griechen pflegten. Sie sind auch verantwortlich für dessen Konservierung bis in die Neuzeit.

Mit Homer stellten die Griechen den ersten, biografisch allerdings schwer zu fassenden Dichter. Jedenfalls erschienen unter seinem Namen in der zweiten Hälfte des 8. Jahrhunderts v. Chr. die beiden aus dem Umfeld des Troja-Mythos stammenden Epen „Ilias" und „Odyssee". Um 700 v. Chr. legte der aus Böotien stammende Autor

Hesiod eine Versdichtung über die Entstehung der Götterwelt („Theogonie") und eine Art von Bauernkalender mit dem Titel *Erga kai hemerai* („Werke und Tage") vor.

Die große Stunde der griechischen Literatur schlug im 5. Jahrhundert v. Chr., dem Zeitalter der Klassik. Hier war es vor allem die Trias der großen attischen Tragiker, die die künstlerische Szene dominierte. Aischylos (ca. 525–456 v. Chr.) brachte Klassiker wie „Die Perser", „Sieben gegen Theben" und „Die Hiketiden" auf die Bühne. Zugleich revolutionierte Aischylos das griechische Theater

durch die Einführung eines zweiten Schauspielers, was die dramaturgischen Gestaltungsmöglichkeiten wesentlich erweiterte. Mit seinen Stücken feierte er auch in Syrakus auf Sizilien große Erfolge. Zweiter im Bunde der großen drei war Sophokles (497–406 v. Chr.). Ihm verschafften Stücke wie „Antigone", „König Ödipus" und „Elektra" literarische Unsterblichkeit. Der jüngste der attischen Tragiker des 5. Jahrhunderts v. Chr. war Euripides (485–406 v. Chr.). In seiner Produktivität brachte er nicht weniger als 90 Dramen hervor, von denen immerhin 19 erhalten

sind, darunter bis heute häufig gespielte Werke wie „Hekabe", „Elektra", „Orest" und „Die Troerinnen".

Herausragender Vertreter der klassischen Komödie war der Athener Aristophanes (ca. 450 – nach 385 v. Chr.). Elf Dramen aus seinem 46 Stücke umfassenden Œuvre haben den langen Weg von der Antike bis in die Moderne unbeschadet überstanden. Komödie bedeutete für Aristophanes und seine (nicht ganz so er-

folgreichen) Kollegen in erster Linie politische Komödie. Sein bevorzugtes Sujet war der Peloponnesische Krieg zwischen Athen und Sparta, der gerade in der besten Schaffensperiode des Aristophanes die griechische Welt erschütterte. Der Dichter machte sich dabei, meist in parodistischer, gelegentlich auch derber Weise, zum Anwalt derjenigen, die den Frieden wünschten. In der Komödie „Die Acharner" lässt er einen einfachen Bauern aus Attika einen separaten Frieden mit den Spartanern schließen. In „Lysistrate" treten die Frauen in einen Streik: Sie verweigern ihren Männern den von ihnen erwünschten ehelichen Umgang, um sie auf diese Weise zur Beendigung des Krieges zu zwingen.

Das 5. Jahrhundert v. Chr. brachte auch die erste große Blütezeit der griechischen Historiografie. Herodot (ca. 490–420 v. Chr.), vom Römer Cicero später mit dem Prädikat „Vater der Geschichte" geadelt, legte eine Darstellung der Kriege der Griechen gegen die Perser vor, die sich nicht allein auf die militärischen und politischen Vorgänge beschränkte, sondern auch Geografie, Ethnografie, Kultur und Alltag miteinbezog. Damit war der Historiker aus Halikarnassos (dem heutigen Bodrum) modernen Vorstellungen von der Präsentation von Geschichte weitaus näher als sein etwas jüngerer Konkurrent

Die griechische Dichterin Sappho (Marmorskulptur von James Pradier, 1852)

Die Lyrik der Sappho

Die erste Lyrikerin der europäischen Literaturgeschichte lebte in der zweiten Hälfte des 7. und in der ersten Hälfte des 6. Jahrhunderts v. Chr. Ihre Heimat war die griechische Insel Lesbos. Weil sie sich mit einem Kreis adliger junger Frauen umgab, wurde Sappho in späteren Zeiten zur Ikone der „lesbischen" Liebe stilisiert. Jedoch ging es in diesem Zirkel weniger um Sexualität, obwohl sie – was nach den Kategorien der Zeit durchaus normal war – zwischen den jungen Frauen tatsächlich praktiziert wurde. Primär aber war der Kreis der Sappho ein Gegenentwurf zu den Klubs adliger Männer. Die Frauen sollten dabei in trauter Gemeinsamkeit auf

das Leben nach der Hochzeit vorbereitet werden. Die Verse der Sappho spiegeln die Welt der adligen Frauen dieser Zeit wider. Die immer wiederkehrenden Themen ihrer Lyrik sind Liebe, Zuneigung, Harmonie, Schönheit – aber auch der Schmerz, der aus einer unglücklichen Liebe resultieren kann (Sappho verwendet dafür die Vokabel „süßbitter"). Von dem umfangreichen Werk der Sappho ist das meiste verloren gegangen. Sie verfasste wahrscheinlich über 12 000 Verse. Gerade einmal 193 Fragmente sind überliefert – genug, um die lyrischen Qualitäten der ersten europäischen Dichterin deutlich werden zu lassen.

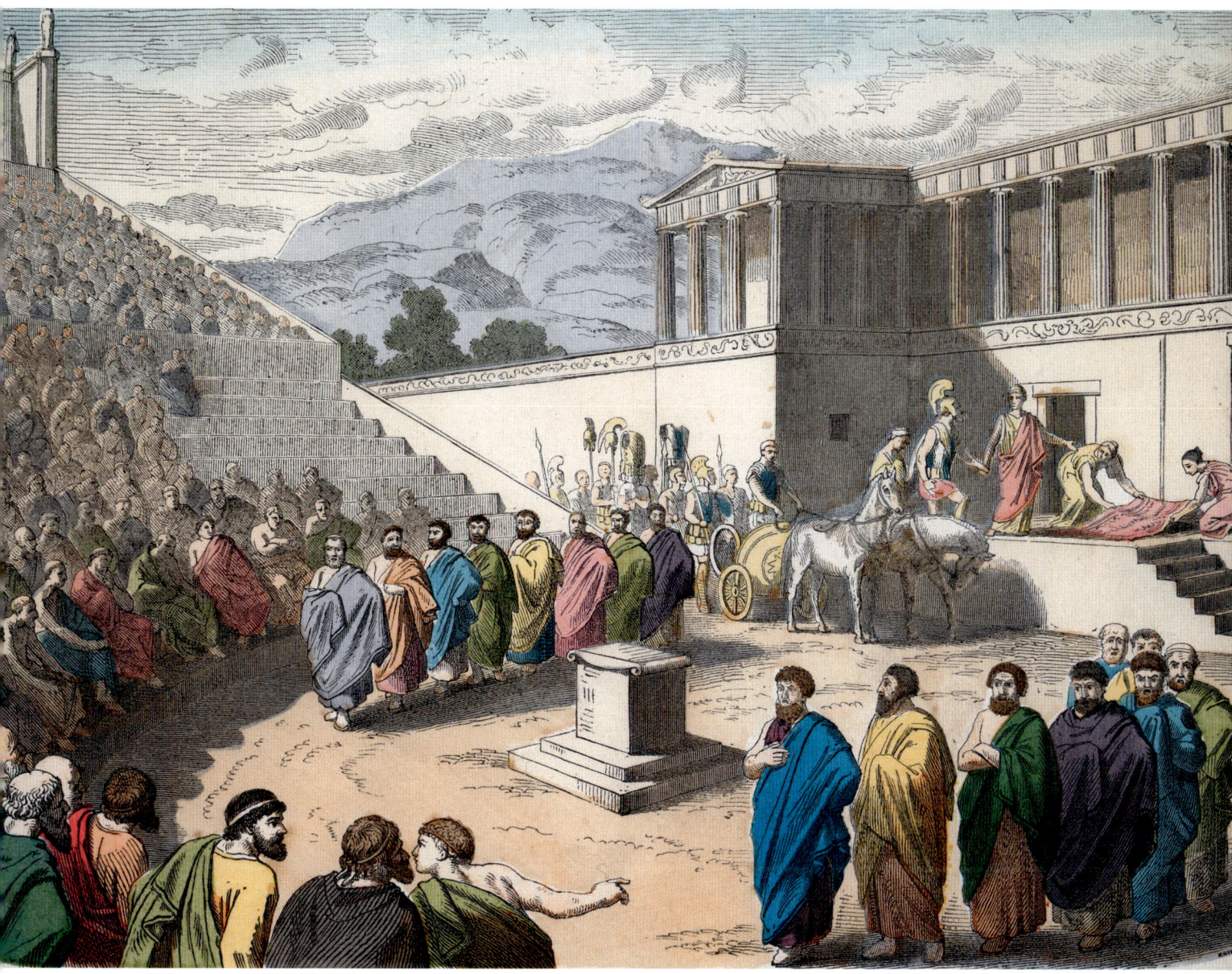

Eine imaginierte Aufführung des Theaterstücks „Agamemnon", erster Teil der „Orestie" von Aischylos (altkolorierter Holzstich nach einer Zeichnung von Heinrich Leutemann, um 1865)

Thukydides (ca. 460–396 v. Chr.). Der Athener setzte in seinem Werk über den Peloponnesischen Krieg einen deutlichen Akzent auf politisches und kriegerisches Geschehen. Gleichwohl stellte er bis heute gültige Maßstäbe auf. Er prägte die kanonische Unterscheidung zwischen Ursachen und Anlässen und gab zudem eine patente Antwort auf die Frage, ob Geschichte nach einem bestimmten nachvollziehbaren Plan abläuft. Der gedankenreiche Historiker bekannte sich in dieser Hinsicht zu einem zyklischen Geschichtsbild: Geschichte wiederhole sich, weil die Menschen sich nicht ändern und in vergleichbaren

Situationen so handeln würden, wie sie es immer getan hätten.

Die Römer bewunderten die Fähigkeiten der Griechen so sehr, dass sie lange Zeit keine eigenen Beiträge zur Geschichte der antiken Literatur leisteten. Bezeichnenderweise war der erste römische Dichter ein Grieche. Livius Andronicus stammte aus der alten griechischen Kolonialstadt Tarent in Süditalien. In der Mitte des 3. Jahrhunderts v. Chr. übersetzte er Homers „Odyssee" ins Lateinische und legte danach lateinische Versionen griechischer Theaterstücke vor.

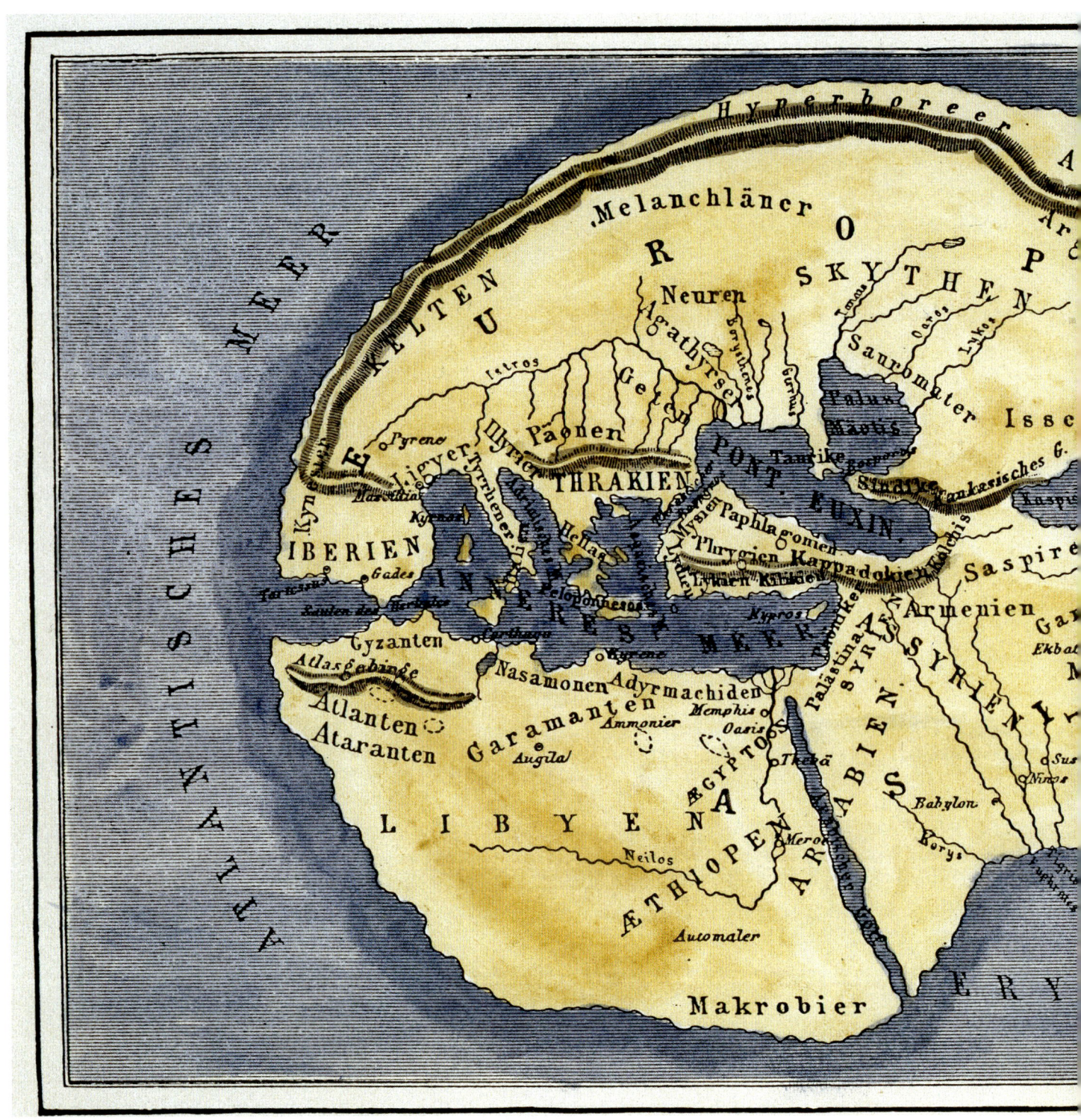

Im 1. Jahrhundert v. Chr. traten verschiedene römische Dichter aus dem langen Schatten der griechischen Vorbilder und schufen wahre Meisterwerke. Das galt insbesondere für jene Literaten, die sich der besonderen Protektion des Kaisers Augustus (63 v. Chr. – 14 n. Chr.) erfreuen durften und sich dafür mit politisch meist korrekter Lyrik revanchierten. Zu verdanken sind dieser Konstellation Perlen der Dichtkunst aus der Feder so prominenter Autoren wie Vergil (70–19 v. Chr.), des Schöpfers der „Aeneis", und des für seine Oden und Epoden berühmten Horaz

druck hinterließ auch Lukrez (96–55 v. Chr.) mit seinem klugen Lehrgedicht *De rerum natura* („Über die Natur der Dinge"), das die rationalen Prinzipien betonte.

Livius (59 v. Chr. – 17 n. Chr.) profilierte sich in dieser Zeit als führender Historiker, dies jedoch in typisch römischer Prägung: In seinem Werk *Ab urbe condita* („Von der Gründung der Stadt an") präsentierte er römische Geschichte als ein permanentes Szenario von Heldenhaftigkeit und Patriotismus. Nüchterner bewertete Tacitus (ca. 55–120 n. Chr.) die Dinge. Seine Werke zur Geschichte der frühen römischen Kaiserzeit („Annalen", „Historien") sparten nicht mit Kritik am neuen politischen System, das er als eine Einschränkung aristokratischer Freiheit ansah. Maßstäbe setzte Sueton (ca. 70–130 n. Chr.) mit seinen Biografien römischer Kaiser (*De vita Caesarum*). Mit ihnen schuf er ein neues Genre, das im Mittelalter von Einhard mit seiner Biografie Karls des Großen fortgeführt wurde.

Der Grieche Plutarch (ca. 45–120 n. Chr.) war der Erfinder der Parallelbiografien. In diesen porträtierte er jeweils einen prominenten Griechen und einen prominenten Römer mit dem Ziel, die großen Leistungen von Griechen in einer Zeit, in der die Römer die Welt beherrschten, ins Gedächtnis zurückzurufen. Wichtigstes didaktisches Utensil bei dieser Arbeit war für Plutarch der erhobene Zeigefinger: Er wollte den Lesern positive oder negative Beispiele von Lebensführung präsentieren. Wie kaum ein anderer antiker Schriftsteller prägte er damit das Bild, das sich spätere Zeiten von den moralischen Qualitäten der antiken Menschen machten.

Plutarch betätigte sich auch als Philosoph. Doch in dieser Eigenschaft hat er keine tiefen Spuren hinterlassen. Hier setzten andere die Wegmarken. Die griechische Philosophie begann mit der Frage nach dem Wesen der Welt und der Natur. Antworten gaben die ionischen Naturphilosophen um Thales von Milet (um 625–547 v. Chr.). Der Meister selbst, der auch als Mathematiker, Astronom und Geograf hervortrat, plädierte für das Wasser als den Grundstoff, der die Natur zusammenhält. Er blickte auf eine stolze Schar von Schülern, die auch zu anderen Erkenntnissen kamen und anstelle des Wassers die Luft oder eine Materie des „Unbestimmten" in der Natur wirken sahen. Viele kluge Köpfe und große Geister fahndeten später nach dem Vorbild des Thales nach dem Wesen der

(65–8 v. Chr.). Ovid (43 v. Chr. – 17/18 n. Chr.) erschuf zwar mit den „Metamorphosen" ein monumentales Werk, zog sich aber mit freizügigen Schriften über die Liebe den Zorn des sittenstrengen Kaisers zu und wurde nach Tomi am Schwarzen Meer verbannt. Einen nachhaltigen Ein-

Die Kyniker

Die Kyniker waren neben den Stoikern und den Epikureern die dritte Strömung, die im Zeitalter des Hellenismus radikal mit den bürgerlichen Konventionen und Traditionen brach. Der Name leitete sich von dem griechischen Wort für „Hund" ab und wurde zunächst als Schimpfwort vonseiten ihrer Gegner gebraucht. Die Kyniker übernahmen diese Bezeichnung jedoch als Ehrentitel und als zutreffende Charakterisierung ihrer „hündischen" Lebensweise. Begründer dieser Denkrichtung war Diogenes von Sinope (ca. 410–323 v. Chr.), selbst eine schillernde Gestalt seiner Zeit. Bedürfnislosigkeit und Askese stellten für ihn den einzig richtigen Weg zum wahren Menschsein dar. Diese Prinzipien lebte er in seiner eigenen Existenz vor, kleidete sich bewusst ärmlich und wohnte in einer bescheidenen Behausung, aus der die spätere Überlieferung eine Tonne machte. Bewusst verstieß er gegen alle bürgerlichen Tugenden und schockierte die Zeitgenossen mit einem äußerst freizügigen Sexualleben und mit der Befürwortung von Kannibalismus. Um Diogenes ranken sich viele Anekdoten. Eine der bekanntesten schildert seine angebliche Begegnung mit Alexander dem Großen. Auf die Frage des makedonischen Königs, ob er etwas für ihn tun könne, soll er geantwortet haben: „Geh mir aus der Sonne." Im heutigen Sprachgebrauch hat sich die Einstellung der Kyniker in dem Wort „zynisch" erhalten, womit eine von beißendem Spott und Sarkasmus geprägte Haltung bezeichnet wird.

Polis zur dominierenden politischen Organisationsform wurde, dachten die Philosophen über den idealen Staat und die ideale Gesellschaft nach. Führender Vertreter dieser Forschungsrichtung war der Athener Platon (427–347 v. Chr.), zugleich Gründer der berühmten, nach ihm benannten Akademie in Athen, über Jahrhunderte hinweg eines der wichtigsten intellektuellen Zentren der Antike. Sein Schüler Aristoteles (384–322 v. Chr.,), der sich ziemlich erfolglos um die Erziehung Alexanders des Großen bemüht hatte, rief mit dem ebenfalls in Athen beheimateten Peripatos eine weitere herausragende Philosophenschule ins Leben. Außer für den Staat interessierte sich der umtriebige Gelehrte in philosophischer Hinsicht besonders für die Ethik, wie seine einflussreiche Schrift „Nikomachische Ethik" bezeugt.

Erst in einer relativ späten Phase ihrer Entwicklung entdeckte die griechische Philosophie den Menschen – genauer gesagt: den möglichst glücklichen Menschen, und dies nicht als Teil der Gesellschaft, sondern als Individuum. Den Weg dorthin hatte bereits Sokrates (ca. 470–399 v. Chr.) gewiesen. Der Sohn einer Hebamme aus Athen entwickelte keine spezielle philosophische Lehre. Vielmehr ging es ihm darum, die Menschen zur richtigen Erkenntnis zu leiten. Dies versuchte er durch bohrende Fragen zu erreichen, die die Befragten in einen Zustand der Ratlosigkeit (Aporie) versetzten, aus dem ihnen Sokrates wieder heraushalf, indem er, nach eigenem Bekunden wie eine Hebamme, die Wahrheit ans Licht brachte. Mit seiner Verurteilung zum Tod durch Gift ist Sokrates auch ein Beispiel dafür, dass die Mächtigen schon immer den freisinnigen Geist fürchteten.

Im 3. Jahrhundert v. Chr., in der Epoche des Hellenismus, die den Menschen so viel Neues brachte und sie aus gewohnten Ordnungen herausriss, entwickelten sich mit den Lehren Epikurs und der Stoa Philosophien mit den richtigen Rezepten zur richtigen Zeit. Epikur (342–271 v. Chr.), in Samos geboren und in Athen tätig, predigte eine Philosophie der *Hedoné*. Das bedeutet „Freude", ist aber häufig missverstanden worden als Ausdruck eines zügellosen Lebens. Doch Epikur kam es mit seinem Konzept darauf an, den Menschen durch die Eliminierung der beiden Hauptquellen von Furcht – der Furcht vor den Göttern und der Furcht vor dem Tod – zu einem glücklichen, seelisch unerschütterlichen Wesen zu machen. Für diesen erstrebenswerten Zustand prägte er den Begriff der *Ataraxía*. Spätere römische Bewunderer Epikurs haben

Natur. Ein wichtiger Vertreter dieser Fragestellung war Demokrit (ca. 460–370 v. Chr.). Der Gelehrte aus dem nordgriechischen Abdera war der Begründer der Atomistik: In den Atomen (den „unteilbaren Dingen") sah er die Bausteine der Welt und des Lebens.

Neben der Natur stand auch der Staat auf der Agenda der griechischen Philosophen. In dem Maße, wie die seinen Ansatz auf eine prägnante, heute noch zitierfähige Formel gebracht: *Carpe diem!* – „Nutze den Tag!"

Ein ähnliches Anliegen wie Epikur verfolgte Zenon, der Begründer der Stoa. Geboren 336 v. Chr. in Kition auf Zypern, gestorben um 264 v. Chr., wirkte er in Athen in einem Gebäude namens *Stoa poikile* („bunte Säulenhalle"), das seiner Philosophierichtung ihren Namen gab. Um die Ruhe der Seele zu erreichen, empfahl Zenon *apathia,* das heißt absolute Leidenschaftslosigkeit allem Positiven wie auch allem Negativen gegenüber. In diesem Sinne spricht man auch heute noch von „stoischer Ruhe". Außerdem setzte er sich für eine kosmopolitische Haltung ein, als Konsequenz des Umstandes, dass mit den Eroberungen Alexanders des Großen die Welt größer geworden war und die alte Polis nicht mehr als Schauplatz des politischen Geschehens diente.

Mehr noch als die Lehren Epikurs fand die Stoa in Rom viele Anhänger. Seneca (4 v. Chr. – 65 n. Chr.) war ebenso wie der schriftstellerisch tätige Kaiser Mark Aurel, der zwischen 161 und 180 n. Chr. regierte, ein Anhänger der stoischen Lehre. Eigene Ideen hat die römische Philosophie hingegen nicht oder nur selten hervorgebracht. Selbst der gelehrte Cicero (106–43 v. Chr.) sah seine Hauptaufgabe nicht darin, originelle Ideen zu entwickeln, sondern darin, in staatsphilosophischen und ethischen Schriften die griechische Philosophie in Rom heimisch zu machen.

Diese persische Illustration zeigt Iskander (Alexander den Großen) mit den sieben griechischen Weisen Sokrates, Platon, Aristoteles, Thales, Apollonius von Tyana, Hermes Trismegistos und Porphyrius (persische Miniatur, 16. Jahrhundert).

Medizin

Wer in der Antike krank war und geheilt werden wollte, hatte grundsätzlich zwei Optionen. Zum einen konnte man sich dem für medizinische Fragen zuständigen Gott Asklepios anvertrauen. Dazu musste man eines seiner Heiligtümer, etwa in Epidauros, Pergamon oder auf der Insel Kos, aufsuchen. Die Priester des Gottes, den die Griechen mit Stab und Schlange darzustellen pflegten, kassierten zuerst eine üppige Gebühr. Dann durften sich die Patienten zur „Inkubation" begeben. Versteht man darunter heute die Zeit zwischen Infektion und Ausbruch einer Krankheit, bedeutete der Begriff in der Antike so viel wie „Tempelschlaf". Die Kranken und Gebrechlichen waren der festen Überzeugung, das Heiligtum nach einer Nacht in einem speziell dafür vorgesehenen Raum am nächsten Morgen als gesunde Menschen zu verlassen.

Bei Asklepios, den die Römer Aesculap nannten, wurde also der Traum wahr, buchstäblich im Schlaf geheilt zu werden. Inschriften, von dankbaren Patienten aufgestellt, berichten von wahren Wundergeschichten. So war eine Frau fünf Jahre lang schwanger, ohne ein Kind zur Welt zu bringen. Sie wandte sich in ihrer Verzweiflung an die Priester des Heilgottes, verbrachte eine Nacht in dessen Tempel und gebar prompt einen Sohn, der, wie sie stolz verkündeten, „kaum, dass er geboren war, sich in einer Quelle wusch und mit der Mutter herumlief". Wahrscheinlich war es der Glaube, der bei solchen und ähnlichen Wunderheilungen Berge versetzte.

Die zweite Option für Kranke in der Antike bestand darin, einen Arzt aufzusuchen. Menschen, die sich der Medizin verschrieben, gab es bereits im alten Ägypten und in Mesopotamien. Doch waren deren Künste in aller Regel eher bescheiden, auch wenn Ärzte im Nilland durch die Sitte der Mumifizierung der Toten bereits erstaunlich detaillierte Kenntnisse über die Struktur der menschlichen Anatomie besaßen. Und sie scheuten auch nicht davor zurück, komplizierte Knochenoperationen

durchzuführen. Im Zweifelsfall setzten aber auch sie, wie Funde von Amuletten zeigen, auf magische Kräfte.

Das änderte sich erst mit den Lehren des Hippokrates (um 460–370 v. Chr.). Der Stammvater aller modernen Ärzte, nach dem der Hippokratische Eid benannt ist, lebte und wirkte auf der Insel Kos – dort, wo sich

auch ein bis heute zu bewunderndes berühmtes Heiligtum des konkurrierenden Gottes Asklepios befand. Durch Hippokrates erlebte die antike Medizin einen enormen innovativen Schub. Bis dahin hatte auch unter professionellen Ärzten die Vorstellung vorgeherrscht, Krankheiten würden von den Göttern verursacht. Der Arzt aus Kos überraschte die Zeitgenossen dagegen mit der Behauptung, dass alle Krankheiten eine organische

Ursache hätten. Diese müsse vom Arzt diagnostiziert und entsprechend therapiert werden. Zur Erklärung von Krankheiten entwickelte Hippokrates die wirkungsmächtige Humoralpathologie, die Lehre von den Körpersäften. Darunter verstand er meistens Blut, Schleim, gelbe und schwarze Galle. Diesen Säften schrieb er verschiedene Quellen und Qualitäten zu, deren Zusammensetzung den Zustand des Menschen beeinflussen sollte. So entstand Krankheit ihm zufolge als Ergebnis einer „schlechten Mischung" der Körpersäfte. Auch klimatische Verhältnisse konnten seiner Ansicht nach

Auswirkungen auf die menschliche Konstitution haben. Zusammengefasst wurden seine zukunftsweisenden Forschungen von Schülern und Epigonen in einer voluminösen Textsammlung mit dem Namen *Corpus Hippocraticum*. Schriften mit Titeln wie „Über die Einrichtung der Gelenke", „Über Verletzungen am Kopf" oder „Über die Krankheiten der Jungfrauen" legen beredtes Zeugnis ab von der Breite der Studien, die von dem einflussreichsten Arzt der Antike betrieben wurden.

Vor die Wahl gestellt – Asklepios oder Hippokrates – entschieden sich die meisten Menschen trotz aller Fortschritte der Medizin immer noch für den vertrauten Heilgott. Dessen ungeachtet entwickelte sich die Medizin auch nach Hippokrates stets weiter. In dem für die Wissenschaften so förderlichen Klima zur

Als Teil ihrer Behandlung konnten die Kranken im Asklepios-Heiligtum in Pergamon Aufführungen im Theater beiwohnen (Ruinen in der heutigen türkischen Stadt Bergama).

Das Asklepios-Heiligtum von Pergamon

Zu den bedeutendsten Kultstätten des Heilgottes Asklepios gehörte sein Heiligtum in Pergamon. Es hatte den Besuchern alles zu bieten, was man damals von einer solchen Stätte erwarten durfte. Schon die Könige von Pergamon traten als engagierte Förderer des Kultes auf. Seine Glanzzeit erlebte das Heiligtum, das unterhalb des Burgberges in der Nähe einer Quelle lag, in der römischen Kaiserzeit. Sponsoren und Stifter sorgten für eine geradezu luxuriöse Gestaltung der weit dimensionierten Anlage. Eine Prachtstraße führte zum heiligen Bezirk, der über

die Bauten zur medizinischen Versorgung hinaus noch einiges mehr zu bieten hatte. Angelockt wurden die Besucher vor allem mit reizvollen kulturellen Angeboten. So konnte man sich bei Aufführungen im Theater entspannen. Das Fassungsvermögen von 3500 Zuschauern beweist, mit welchen Besuchermengen man in Pergamon rechnete. Wer etwas für seine Bildung tun wollte, konnte in einer gut bestückten Bibliothek stöbern. Mit einer solchen opulenten Ausstattung brauchte sich das antike Pergamon nicht hinter modernen Kurorten zu verstecken.

Die berühmten antiken Ärzte Galen und Hippokrates (Fresko, 1231/1255)

Zeit des Hellenismus gehörte die Heilkunde zu jenen Disziplinen, die auf dem Kanon monarchischer Förderungsprogramme weit oben rangierten. Ein Zeichen besonderer Art setzten in dieser Hinsicht einmal mehr die Ptolemäer in Ägypten. Unter ihrer Regie entstand in dem Museion von Alexandria eine anatomische Forschungsinstitution, die sich primär der Chirurgie widmete. Dabei kam auch die Methode der Vivisektion zum Einsatz, das heißt: Es wurden operative Experimente an den inneren Organen lebendiger Menschen durchgeführt. Als Probanden dienten verurteilte Gesetzesbrecher.

Einen – späten – würdigen Nachfolger fand Hippokrates in der römischen Kaiserzeit in dem aus Pergamon stammenden Galen (um 129–200 n. Chr.). Er führte die Forschungen seines großen Vorgängers auf dem Gebiet der Humoralpathologie fort und schuf mit seinen anatomischen Studien die Grundlage für eine systematische Erfassung der Krankheiten. Persönlich durchlief Galen eine bemerkenswerte Karriere. Er wirkte erst in Pergamon, dann in Rom als Gladiatorenarzt. Die Vielzahl der Verwundungen, die er bei dieser Tätigkeit kennenlernte, bildete eine wichtige Grundlage für seine späteren medizinischen Studien. Später machte ihn Kaiser Mark Aurel, der zwischen 161 und 180 Herrscher über die Römer war, zum Leibarzt seines Sohnes Commodus. Selbst der große Galen aber fand kein Rezept gegen die verheerende Pestepidemie, die das Römische Reich gerade in dieser Zeit heimsuchte.

Technik

Bei dem römischen Kaiser Vespasian, der von 69 bis 79 n. Chr. regierte, erschien, wie der gewöhnlich gut unterrichtete antike Biograf Sueton erzählt, eines Tages ein Ingenieur mit einem verlockenden Angebot: Er überreichte dem Monarchen den Entwurf einer Maschine, mit deren Hilfe es möglich sein sollte, mit geringem Aufwand schwere Säulen auf das Kapitol in Rom zu transportieren. Vespasian

Das Straßennetz im Römischen Reich

Römisches Reich seit 117 n.Chr.
● Städte
Straßen

war beeindruckt und gab dem Ingenieur für seine Idee eine hohe Belohnung, lehnte den Einsatz der Maschine bei Bauprojekten jedoch dankend ab, mit dem Hinweis, er möge ihm doch nicht die Gelegenheit nehmen, seine Leute mit Arbeit zu versorgen.

Diese Episode beleuchtet beispielhaft das Verhältnis der Antike zur Technik. Den Herrschenden waren Arbeitsplätze wichtiger als neue Technologien, und so dachte Vespasian mehr an die sozialen Belange der römischen Bevölkerung als an einen prominenten Eintrag ins Buch der Technikgeschichte. Dabei gab es in der Antike, von den Kulturen des Alten Orients über die Griechen bis hin zu den Römern, ein beachtliches Potenzial an technischem Know-how und technischer Innovation. Auch das Wort „Technik" ist eine antike Prägung, wenn auch zunächst in einer anderen Bedeutung. Die Griechen verstanden unter *téchne* ganz allgemein jede Kunst oder genauer: Kunstfertigkeit. Auch die Maschine war, als Produkt der *téchne,* eine griechische Wortschöpfung. *Mechané* bedeutete „Werkzeug".

Aber Techniker hatten es schwer, nicht nur, weil die Eliten

Pont du Gard

Das berühmteste, heute noch in seiner ganzen Schönheit zu bewundernde Wahrzeichen römischer Wasserbautechnik ist der Pont du Gard in Südfrankreich. In aller Perfektion zeigt er die besondere Begabung römischer Ingenieure bei der Anlage von Aquädukten auf. Konstruiert gegen Ende des 1. Jahrhunderts v. Chr., war er Teil einer Wasserleitung, die über eine Distanz von rund 50 Kilometern das in römischen Städten aufgrund des hohen Verbrauchs immer begehrte Nass von der Quelle bis in die Stadt Nemausus (heute Nîmes) transportierte. Der Pont du Gard führte die Leitung über das Felstal des Flusses Gardon (daher leitet sich der Name ab). Er erreichte dabei eine Höhe von 49 Metern und war mit drei Arkaden versehen, auf deren höchstem Geschoss sich der 275 Meter lange Leitungskanal befand. Drei Jahre lang dauerten die Arbeiten an dem Pont du Gard. Bis ins 4. Jahrhundert n. Chr. hinein versorgte er die Bewohner von Nemausus zuverlässig und in gewohnter römischer Präzision mit Wasser. Als die Zeiten schwieriger und die römische Herrschaft brüchiger wurde, zerfiel auch allmählich wegen mangelnder Pflege die Perle unter den römischen Aquädukten.

aus Fürsorge für die manuell arbeitende Masse der Bevölkerung kein Interesse an Rationalisierung hatten. Es gab außerdem genügend Sklaven, die man in der Landwirtschaft, in den Bergwerken oder auf Baustellen als billige Arbeitskräfte einsetzen konnte. So bestand auch von dieser Seite her kein Bedarf an revolutionären Technologien. Eine Ausnahme ist eine allerdings nur aus Gallien bekannte, von Ochsen getriebene Erntemaschine, deren Vorzug der Agrarschriftsteller Palladius im 4. Jahrhundert n. Chr. mit den Worten beschrieb: „So wird durch weniges Hin- und Herfahren in kurzer Zeit das ganze Feld abgeerntet."

Und nicht zuletzt fehlte es an einer unternehmerischen Mentalität. Die Herrschenden und die Reichen scheuten jegliches Risiko und hatten daher keinen Sinn für Investitionen, die Voraussetzung für die serielle Verbreitung von Erfindungen auf dem Gebiet der Technik gewesen

Der bedeutende griechische Mathematiker, Physiker und Ingenieur Archimedes (Holzstich, 18. Jahrhundert)

wären. Dabei spielte auch die von den Oberschichten bei jeder Gelegenheit betonte Diskreditierung bezahlter Arbeit eine Rolle. Ein Techniker, der mit seiner Tätigkeit Geld verdienen wollte, musste daher damit rechnen, als „Banause" abqualifiziert zu werden. Mit diesem Wort pflegten die Griechen zunächst ganz allgemein alle Handwerker zu bezeichnen, die am Ofen, also am offenen Feuer, zu arbeiten hatten. Später wurde der wenig schmeichelhafte Titel Sammelbezeichnung für alle, die mit ihrer Hände Arbeit Geld verdienen mussten und deren Tätigkeiten die Adligen und die reichen Bürger, die bequem und ohne Schweißvergießen von Renditen ihrer Güter lebten, als nicht standesgemäß ansahen.

Angesichts dieser Einschränkungen können die Leistungen, die von antiken Technikern vollbracht wurden, nicht hoch genug eingeschätzt werden. Auf der Liste entsprechender Errungenschaften stehen etwa das Zahnrad, die Schraube, die Rotationsmühle, die Wassermühle, die Schraubenpresse, die Glasbläserei, der Steinmörtel, der Bronze-Hohlguss, die Vermessungsdioptrik, das Torsionskatapult, die Wasseruhr, die Wasserorgel und Automaten. Noch heute kann man überall dort, wo die Römer

herrschten, Meisterwerke römischer Technik bewundern, wie die Aquädukte, die mit einem ausgeklügelten System Wasser über große Distanzen in die Städte führten. Und auch die berühmten, meist schnurgeraden Landstraßen, die in der Kaiserzeit ein Netz von annähernd 100 000 Kilometern Länge bildeten, waren Spitzenleistungen der Ingenieure. Sie umfassten vom Unterbau bis zur Oberfläche fünf Schichten, bestehend aus Sand, Stein und Kalkmörtel.

Einziges Gebiet, auf dem nicht gespart wurde, war die Militärtechnologie. Hellenistische Könige und römische Kaiser gaben viel Geld für Waffen und Belagerungsgeräte aus. Und auf diesem Gebiet schwangen sich antike Techniker zu wahren Höchstleistungen auf. Den Ruhm ernteten jedoch meistens die Monarchen, bei denen sie unter Vertrag standen. So sammelte der Tyrann Dionysios I. von Syrakus (430–367 v. Chr.) eine ganze Schar von Technikern um sich, mit deren ingeniösen Einfällen er den rivalisierenden Karthagern schwer zusetzte und sich den Ruf eines großen Kriegsherrn erwarb. Einer der Diadochen, der eine führende Rolle beim Kampf um das Erbe Alexanders des Großen spielte, fügte seinem Namen Demetrios den schmückenden Beinamen *Poliorketes* („Städtebelagerer") hinzu. Auch die römischen Kaiser setzten auf die innovativen Projekte ihrer Militärtechniker. Deren Leistungen veranlassten den Historiker Tacitus zu Beginn des 2. Jahrhunderts n. Chr. zu der nur vordergründig überheblichen, in der Substanz jedoch absolut zutreffenden Einschätzung: „Nichts ist den Barbaren so unbekannt wie die Maschinen und die Finten der Belagerungskunst, während uns dieser Teil des Kriegswesens besonders vertraut ist."

Ungekrönter König aller antiken Militärtechniker war Archimedes (287–212 v. Chr.). Hinter seinem Ruhm verblasste sogar der Ruf seiner königlichen Auftraggeber. Die Wirkungsstätte des genialen Griechen war die Stadt Syrakus auf Sizilien. Hier produzierte er unter der Schirmherrschaft seines königlichen Gönners Hieron II. eine Reihe von bahnbrechenden Erfindungen und Entdeckungen, denen er eine bis in die Gegenwart reichende Bekanntheit verdankt. So geht auf ihn das „Archimedische Prinzip" zurück. Dahinter verbirgt sich die Lehre vom Auftrieb schwimmender Körper, vom Meister selbst so formuliert: „Ein Körper taucht in eine spezifisch schwere Flüssigkeit so weit ein, dass die von ihm verdrängte Flüssigkeitsmenge so schwer ist wie der ganze

Körper." Angeblich soll der Gelehrte diese Entdeckung während eines Bades gemacht und mit dem geflügelten Wort *Heureka!* („Ich habe es gefunden!") gefeiert haben.

Auf das Konto des Archimedes gehen weiterhin die Entwicklung einer Schraube zur Hebung von Wasser und die Konstruktion eines Flaschenzuges. Auch als Militärtechniker machte er sich einen Namen – ganz am Ende seines langen Forscherlebens, als die Römer sich während des Zweiten Punischen Krieges (218–201 v. Chr.) daran machten, seine Heimatstadt Syrakus von der See her zu erobern. Archimedes begrüßte sie mit einem Arsenal von revolutionären Abwehrwaffen, die bei den Römern den Eindruck hinterließen, sie hätten es eher mit zornigen Göttern als mit Menschen zu tun. Katapulte schleuderten

riesige Steine in Richtung Hafen, und hinter den Stadtmauern erhoben sich gigantische Kräne, die Lasten auf die Schiffe warfen und sie dann mit eisernen Greifhänden und Haken samt Besatzung einfach in die Luft hoben und als Höhepunkt senkrecht ins Meer stürzten.

Retten konnte Archimedes seine Heimatstadt mit diesen Zauberwaffen dennoch nicht. In einem unachtsamen Moment der Verteidiger überwanden die Römer ihre Abwehr. Ein Soldat fand den Ahnherrn aller Tüftler und Erfinder in seinem Garten vor, damit beschäftigt, geometrische Figuren in den Sand zu malen. Die Aufforderung des Soldaten, ihm zu folgen, konterte er mit den klassischen Worten: „Störe meine Kreise nicht." Daraufhin wurde er von dem wütenden Soldaten mit dem Schwert getötet.

Die Automaten des Heron

Die Möglichkeiten für antike Techniker, mit ihren Erfindungen der Menschheit praktische Dienste zu erweisen, waren begrenzt. Deswegen verfielen viele von ihnen auf die Idee, ihr innovatives Potenzial in die Entwicklung von Produkten zu investieren, bei denen es einzig und allein um Spielerei und Unterhaltung ging. Unumstrittener Meister in dieser Disziplin war ein Grieche namens Heron, der im 1. Jahrhundert n. Chr. die Zeitgenossen mit erstaunlichen Apparaten verblüffte. So präsentierte er ein vollautomatisches Puppentheater mit der damals sehr populären Nauplios-Sage, die aus dem Umfeld der Troja-Mythen stammte. Auch eine Wasserorgel und eine Wasseruhr gingen auf das Konto des erfindungsreichen Griechen. Sein größter Erfolg aber war die Konstruktion eines Münzautomaten zur Versorgung mit Weihwasser. Diesen stellte er am Eingang eines Tempels auf. Pilger konnten ihm nach dem Einwerfen einer Fünf-Drachmen-Münze die benötigte Menge an Wasser entnehmen. Diese und andere von Heron entworfene Automaten funktionierten entweder nach dem pneumatischen oder nach dem hydraulischen Prinzip – je nachdem, ob der geniale Mechaniker mit Luft oder Wasser als Energiequelle arbeitete.

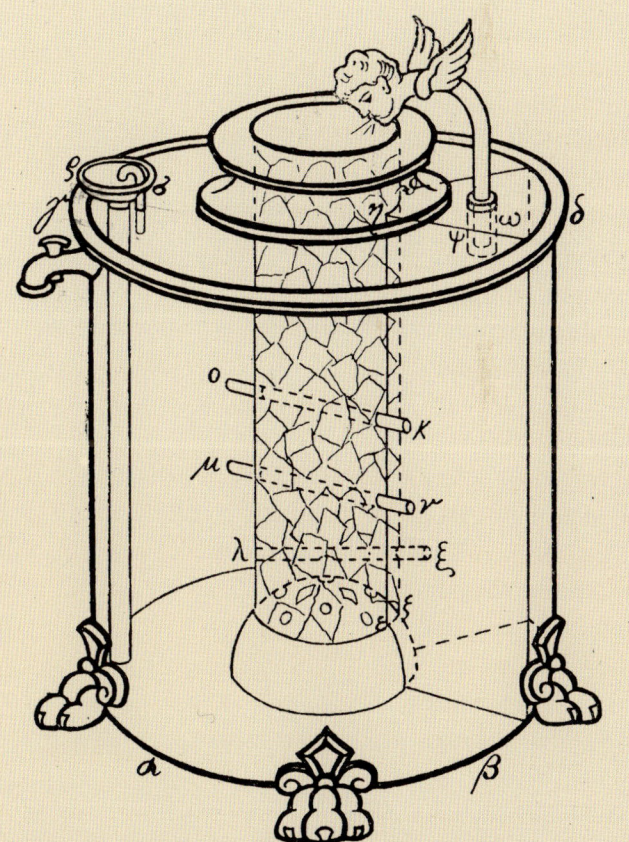

Römischer Badeofen, Konstruktion nach Heron. Der Schacht im Inneren kann mit glühenden Kohlen befüllt werden, die das Wasser erwärmen (Holzstich, um 110 n. Chr.).

Die sieben Weltwunder

Bei vielen Völkern der Antike besaß die Zahl Sieben eine magische Bedeutung. Die Vorstellung von dem privilegierten Status der Sieben geht zurück auf Gelehrte im alten Babylonien, die bei ihren astronomischen Beobachtungen sieben Planeten ausmachten und daher dieser Zahl eine himmlisch-göttliche Qualität beimaßen.

Als dankbare Abnehmer innovativer wissenschaftlicher Entdeckungen orientalischer Herkunft hielten auch die Griechen die Sieben in hohen Ehren. Alles, was ihnen wichtig und heilig war, wurde zu einem praktischen Paket mit der Aufschrift „Sieben" geschnürt. So fanden sich kluge Köpfe und große Geister zu dem illustren Kreis der „Sieben Weisen" vereint. Der Tragiker Aischylos schuf ein Drama, in dem er sieben Helden auftreten ließ und dem er den Titel *Sieben gegen Theben* gab. Im antiken Streit um den Geburtsort Homers wurden die aussichtsreichsten Kandidaten zu einer Gruppe von sieben Städten zusammengefasst. Die Römer als gelehrige Schüler der Griechen legten später nach und sprachen von den „Sieben Königen", den „Sieben Hügeln Roms" und den „Sieben Freien Künsten".

GRIECHENLAND

Ägäis Lesbos

Euböa

Chios

Der Artemis-Tempel in Ephesos

Die Zeus-Statue in Olympia

Peloponnes

Das Mausoleum in Halikarnassos

Kykladen

Rhodos **Der Koloss von Rhodos**

Kreta

MITTELMEER

Der Leuchtturm von Alexandria

Die sieben Weltwunder der Antike

ÄGYPTE

Vor diesem Hintergrund konnte es nicht ausbleiben, dass man sich bemühte, auch die besten, schönsten oder kühnsten Bauwerke in einen mit der Zahl Sieben geschmückten Katalog einzuordnen. So entstand die Liste der „Sieben Weltwunder". Sie wurde nicht etwa einvernehmlich von einer Jury im Rahmen einer Ausschreibung aufgestellt. Vielmehr verdankte sie ihre Entstehung einer längeren, über Jahrzehnte, sogar Jahrhunderte hinweg gehenden, heftigen Diskussion, geführt von prominenten Gelehrten, Historikern, Antiquaren. Jeder hatte seine persönlichen Favoriten. Bei der Entscheidung kam es auf die Autorität und den Einfluss der vorschlagenden Persönlichkeiten an. Im 1. Jahrhundert v. Chr. war der Wettbewerb beendet. Der römische Wissenschaftler Varro (116–27 v. Chr.) fasste das Ergebnis in einer nicht erhaltenen Schrift mit dem Titel „Sieben Werke, die auf der Welt zu bewundern sind" zusammen. Bauwerke, die danach entstanden, fanden keine Berücksichtigung mehr, und mochten sie, wie etwa das Kolosseum in Rom oder die Hagia Sophia in Konstantinopel, auch noch so imposant und einzigartig sein.

Römische Bauwerke befanden sich ohnehin nicht auf der Liste, an der maßgeblich Griechen mitgewirkt hatten. Dafür stand an erster Stelle und als frühestes Monument eines der Wahrzeichen des pharaonischen Ägyptens.

Die Pyramiden von Gizeh, die gigantischen Gräber dreier Könige aus der 4. Dynastie, erfüllten ohne Einschränkung den Tatbestand eines Weltwunders. Die Pyramide des Pharaos Cheops, der auf Ägyptisch Chnum Chufu hieß und das Land am Nil zwischen 2551 und 2528 v. Chr. regiert hatte, erreichte damals die stolze Höhe von 146 Metern. Mit 143 Metern ragte auch die Pyramide des Chephren imposant in den ägyptischen Himmel auf. Vergleichs-

TÜRKEI

Zypern

Euphrat

Tigris

IRAK

Babylon

Die Hängenden Gärten der Semiramis

Totes Meer

Die Pyramiden von Gizeh

Sinai

Nilus

Der Bau der Pyramiden (altkolorierter Holzstich nach einer Zeichnung von Heinrich Leutemann, um 1880)

weise bescheiden fiel hingegen die dritte Pyramide aus: Pharao Mykerinos' Grabmonument erreichte lediglich 66,5 Meter.

Die Pyramiden waren in der Antike aber nicht allein wegen ihrer Größe berühmt. Man bewunderte auch die Leistung, die in der Erbauung solcher Wunderwerke steckte. Dabei kursierten mitunter abstruse Geschichten, an deren Zustandekommen der im 5. Jahrhundert v. Chr. schreibende griechische Historiker Herodot nicht unwesentlich beteiligt war. Bei dem Bau der Pyramiden – so berichtet der meist, aber nicht immer gut informierte Autor – seien stets 100 000 Arbeiter gleichzeitig im Einsatz gewesen. Diese Zahl ist viel zu hoch gegriffen. Und die landläufige Vorstellung, bei der mühsamen Arbeit seien nur Sklaven zum Einsatz gekommen, bedarf ebenfalls der Korrektur. Es waren vielmehr freie Bauern, die während der erntefreien Zeit vom Pharao rekrutiert wurden, um ihm ein Denkmal für die Ewigkeit zu errichten.

Zum zweiten Weltwunder wurden, in der Chronologie der Herstellung, die Hängenden Gärten der Semiramis erkoren. Wer sie besichtigen wollte, musste sich nach Babylon, der glanzvollen Metropole des Königs Nebukadnezar II., begeben. Der Monarch, der von 605 bis 562 v. Chr. in der Weltstadt am Euphrat regierte, hatte den Ehrgeiz, aus seiner Residenz ein unvergleichliches urbanes Schmuckstück zu machen. Zu dem gigantischen Bauprogramm, das er initiierte, gehörte auch ein üppig ausgestatteter Park als Teil des Palastbezirkes. Auch wenn es von diesem Weltwunder heute keine Spur mehr gibt, vermitteln antike Beschreibungen einen anschaulichen Eindruck von diesem ehrgeizigen Werk. Demnach handelte es sich um einen kunstvoll gestalteten Komplex von Gärten, die, wohl verteilt auf mehrere Terrassen, die Illusion einer frei in der Luft schwebenden Anlage erweckten. Semiramis indes hatte mit dem Ganzen nichts zu tun, allein schon deswegen, weil die Namenspatronin mehr als 200 Jahre vor Fertigstellung der Gärten gelebt hatte. Sie war die Frau

eines assyrischen Herrschers, der von 824 bis 811 v. Chr. im fernen Ninive regiert hatte. Aus Gründen, die sich aus den Quellen nicht mehr nachvollziehen lassen, avancierte sie in der späteren Überlieferung zu einer sagenhaften Gestalt, der man alles und somit auch die Konstruktion der königlichen Gärten von Babylon zutraute.

Das dritte Weltwunder hatte seinen Platz in Ephesos an der Westküste der heutigen Türkei. Im 6. Jahrhundert v. Chr. finanzierte der reiche Lyderkönig Kroisos hier einen Tempel für die in Asien außerordentlich populäre Fruchtbarkeitsgöttin Artemis. Die Scharen der Pilger aus allen Teilen der antiken Welt sorgten dafür, dass das prächtig ausgestattete Heiligtum auch in Griechenland eine große Bekanntheit erlangte. 356 v. Chr. wurde der Tempel von einer Katastrophe ereilt. Ein Mann namens Herostratos litt unter der Wahnvorstellung, unbedingt berühmt werden zu müssen. Um dieses Ziel zu erreichen, zündete er den Tempel an, der dadurch völlig zerstört wurde. Sofort machte man sich an den Wiederaufbau, und nach 20 Jahren intensiver Arbeit erstrahlte das Heiligtum wieder im alten Glanz. In den turbulenten Zeiten der Völkerwanderung wurde es jedoch von den Goten geplündert. Als sich danach das Christentum als dominierende Religion durchsetzte, war das einst so stolze Haus der Artemis dem langsamen Verfall ausgesetzt. Heute zeugt nur noch eine einzige Säule in sumpfigem Gelände von einem ehemals bedeutenden Weltwunder der Antike.

Das vierte Weltwunder befand sich in Olympia. Hier entstand zwischen 470 und 456 v. Chr., in der Nachfolge eines ebenfalls imposanten Vorgängerbaus, das Heiligtum des obersten griechischen Gottes Zeus. Das eigentliche Weltwunder aber war nicht der Tempel an sich, sondern die monumentale Götterstatue, die sich in

Diese Säule an der türkischen Ägäisküste ist der einzige Überrest des Artemis-Tempels in Ephesos.

seinem Innern befand. Zwölf Meter hoch, zeigte sie den thronenden Weltherrscher Zeus, mit einem von einem Adler gekrönten Zepter in der linken und der geflügelten Siegesgöttin Nike in der rechten Hand. Die verwendeten Materialien waren das Feinste vom Feinen – nur Gold und Elfenbein erschienen gut genug, um den großen Gott ikonografisch zu würdigen. Und hinter allem stand mit Phidias der berühmteste Bildhauer seiner Zeit. So wachte Zeus in seiner komfortablen Lage über die Massen der Pilger, die nach Olympia kamen, um ihm ihre Reverenz zu erweisen. Alle vier Jahre fungierte er darüber hinaus als Schirmherr der Olympischen Spiele.

Das fünfte Weltwunder ist dafür verantwortlich, dass man bis heute große Grabanlagen als „Mausoleum" bezeichnet. 353 v. Chr. starb in Halikarnassos, dem heutigen Bodrum an der Südwestküste Kleinasiens, ein Fürst namens Maussolos. Er stammte aus einer einheimischen Dynastie und war so klug gewesen, sich mit der damaligen Weltmacht Persien zu arrangieren, die ihn daraufhin mit dem Posten eines Satrapen, also eines Statthalters, in seiner Heimat Karien belohnte. Das Grabmal, wie bei Königen und Adligen in der Antike üblich, war bereits zu Lebzeiten geplant und konzipiert

Das Mausoleum in Halikarnassos, dem heutigen Bodrum in der Türkei (altkolorierter Holzstich nach einer Zeichnung von Ferdinand Knab, 1886)

Der Koloss von Rhodos darf für sich die zweifelhafte Ehre beanspruchen, von allen Weltwundern der Antike die kürzeste Zeit existiert zu haben. 293 v. Chr. konnten die Architekten und Ingenieure nach elf Jahren Bauzeit die Fertigstellung der Statue vermelden. 227 v. Chr. bewies die Natur mit einem Erdbeben, dass der Koloss am Ende doch nur auf tönernen Füßen stand. Es handelte sich dabei um eine 32 Meter hohe bronzene Statue des Sonnengottes Helios. Die Bewohner der Ägäisinsel hatten mit der Errichtung des Kolosses ein Versprechen eingelöst, das sie während einer militärischen Belagerung gegeben hatten. Obwohl der Koloss nur ein sehr kurzes Haltbarkeitsdatum hatte, tauchte sein Name regelmäßig in den Listen der kanonischen sieben Weltwunder auf. Lange Zeit kursierte eine populäre Vorstellung, wonach der Koloss mit gespreizten Beinen und einer Fackel in der Hand die Hafeneinfahrt von Rhodos markierte. Jedoch ist es viel wahrscheinlicher, dass er in seiner Eigenschaft als Weihegeschenk für einen Gott einen prominenten Platz in der Mitte der Stadt einnahm.

Wenige Jahre nach dem Koloss von Rhodos wurde das letzte Weltwunder seiner Bestimmung übergeben. Wie das erste Weltwunder hatte es seinen Standort in Ägypten. Aber während die Pyramiden von Gizeh aus dem 3. Jahrtausend v. Chr. als monumentale Gräber den Ruhm der Pharaonen und deren ewiges Leben sichern sollten, war der Leuchtturm von

worden. Unglücklicherweise starb Maussolos zu früh, um es noch in seiner ganzen Pracht erleben zu können. Dafür staunte die Nachwelt umso mehr über ein Denkmal von 50 Metern Höhe, bei dem sich über einem dreistufigen Sockel der eigentliche Grabtempel erhob, dessen Inneres (die Cella) von 36 ionischen Säulen umgeben war. Die Krönung bildete eine aus 24 Stufen bestehende Pyramide. Heute sind von dem Weltwunder in Halikarnassos nur noch Ruinen zu sehen. Im 13. Jahrhundert richtete ein Erdbeben schwere Zerstörungen an, den Rest besorgten die Johanniter-Tempelritter von Bodrum, die sich für ihre eigenen Bauprojekte der wertvollen Materialien des Urbildes aller Mausoleen bedienten.

Der Grieche Phidias gilt als einer der größten Bildhauer der Antike und erschuf die Zeusstatue in Olympia, die heute nicht erhalten ist (Relief von Andrea Pisano, um 1334/40).

Alexandria ein technisches Meisterwerk, mit dem die makedonischen Ptolemäer Pluspunkte im nicht immer edlen Wettstreit der hellenistischen Könige um Macht und Prestige sammeln wollten. Die Hauptstadt der Ptolemäer, von Alexander dem Großen höchstpersönlich gegründet, sollte in jeder Hinsicht glänzen. Im Auftrag der Könige Ptolemaios I. und Ptolemaios II. wurde der Turm zwischen 299 und 279 v. Chr. von dem berühmten Ingenieur Sostratos aus Knidos auf der Alexandria gegenüberliegenden Insel Pharos gebaut. Auch hier bereitet, wie bei den anderen heute nicht mehr oder nur

noch sehr bruchstückhaft erhaltenen Weltwundern der Antike, die genaue Rekonstruktion des einstigen Aussehens einige Schwierigkeiten. Ein Erdbeben bereitete 1326 der für die Seefahrt jahrhundertelang segensreichen Einrichtung ein plötzliches Ende. Jedoch dürfte der Prototyp aller Leuchttürme, zieht man antike Beschreibungen zurate, eine Höhe von mehr als 100 Metern erreicht haben. Der Bau umfasste drei Stockwerke. Im obersten befanden sich die Befeuerungsanlage und die Spiegel, mit denen bei Tag die Strahlen der Sonne aufgefangen und auf das Meer projiziert wurden.

Der Leuchtturm von Alexandria (altkolorierter Holzstich nach einer Zeichnung von Ferdinand Knab, 1886)

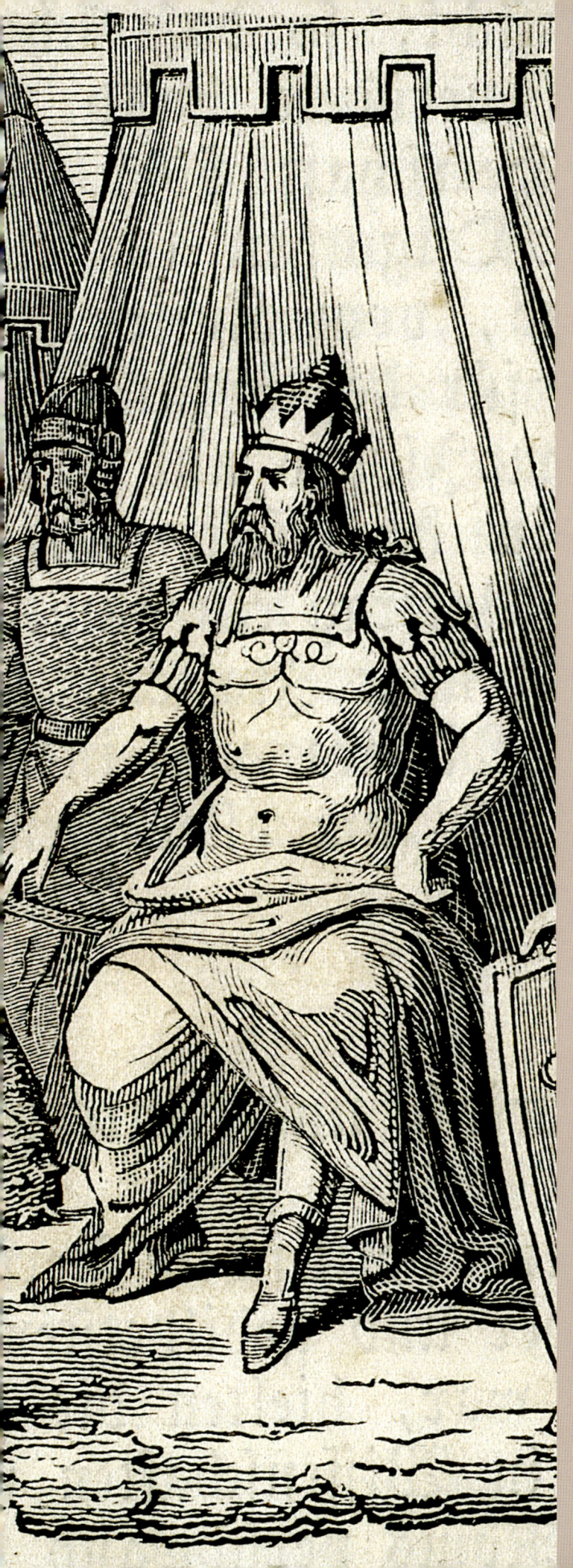

Krise und Untergang

Die Zeit der Soldatenkaiser

Konstantin der Große

Die Teilung des Römischen Reiches

Die große Völkerwanderung

Das Ende des Weströmischen Reiches

Byzanz und das Erbe der Antike

Die Absetzung des letzten weströmischen Kaisers Romulus Augustulus durch den germanischen Heerführer Odoaker im Jahr 476 n. Chr. markiert das Ende des Weströmischen Reiches und für viele Historiker auch das Ende der Antike (Holzstich, 1854).

Die Zeit der Soldatenkaiser

Im 2. Jahrhundert n. Chr. erlebte das Römische Reich seine Glanzzeit. Das Imperium Romanum umfasste die gesamte Mittelmeerwelt, dazu angrenzende Gebiete wie Dakien, Gallien, Britannien und Teile Germaniens. Außer den Parthern im Iran, mit denen es regelmäßig Schwierigkeiten gab, hatte man keinen äußeren Gegner zu fürchten. Die Grenzen waren sicher und wurden zudem von motivierten Legionären gut bewacht. Auch die inneren Verhältnisse waren stabil. Überall profitierten die Menschen von der prosperierenden Wirtschaft und dem florierenden Handel.

In der zweiten Hälfte des 2. Jahrhunderts n. Chr. zogen am Horizont erstmals düstere Wolken auf. Ungewohnte, beunruhigende Meldungen erreichten die Hauptstadt Rom. Germanische Völkerschaften, angeführt von den Markomannen, Sarmaten und Quaden, bedrohten an der mittleren Donau die Reichsgrenze. Kaiser Mark Aurel, der lieber philosophierender Friedenskaiser als Feldherr sein wollte, musste an den Ort des Geschehens eilen und vom Legionslager Carnuntum aus die römischen Gegenaktionen leiten. Die Markomannenkriege dauerten von 166 bis 180 n. Chr. Letztlich ging Rom aus ihnen als Sieger hervor. Doch die langwierigen Auseinandersetzungen hatten gezeigt, dass die unbeschwerten Zeiten vorbei waren.

Auch früher hatten Germanen bereits versucht, auf römischem Gebiet Siedlungsplätze zu finden. Aber eine intakte Grenzverteidigung hatte solchen Unternehmungen immer wieder einen Riegel vorgeschoben. Unter Kaiser Mark Aurel machten sich im Römischen Reich jedoch erstmals massive Krisensymptome bemerkbar, die es den Germanen in bis dahin ungekannter Weise ermöglichten, römische Territorien anzugreifen. So ging es mit der Wirtschaft deutlich bergab, auch weil man in den glorreichen Zeiten hemmungslos Geld ausgegeben hatte. Tiefere Einsichten in finanzpolitische Zusammenhänge gehörten

Der römische Kaiser Septimius Severus (Marmorkopf des Septimius Severus mit nicht zugehöriger Panzer-Mantel-Büste, um 200 n. Chr.)

nicht zur Stärke von Kaiser und Administration. So wurden, um die Verluste zu kompensieren, massenhaft Münzen geprägt, deren Wert allerdings darunter litt, dass ihr Metallgehalt abnahm. Die Folge waren inflationäre Tendenzen und Zahlungsschwierigkeiten, die wiederum zu Sparmaßnahmen wie dem Abzug von Grenzsoldaten führten. Die Markomannen waren nur die ersten Germanen gewesen, die diese Einladung annahmen und den Bewohnern des Imperiums so die Gewissheit raubten, in einem Reich von ewiger Dauer zu leben.

193 n. Chr. begründete der aus dem libyschen Leptis Magna stammende Kaiser Septimius Severus die Dynastie der Severer. Ihr letzter Vertreter war Severus Alexander, der bis 235 n. Chr. regierte. Die äußeren Probleme verschärften sich in dieser Zeit auch dadurch, dass in Persien mit den Sassaniden 224 n. Chr. eine Herrscherfamilie an die Macht kam, die an der Ostgrenze des Römischen Reiches eine deutlich expansive Politik betrieb. Die severischen Kaiser reagierten auf diese neue Herausforderung mit einer Stärkung der Militärmacht. Dazu gehörten taktische Reformen wie die Aufstellung mobiler Verbände und eine Steigerung der soldatischen Motivation durch kräftige Solderhöhungen.

Als Folge dieser neuen Prioritäten und der fortgesetzten Probleme an den Reichsgrenzen durch Perser auf der einen, Germanen auf der anderen Seite konzentrierte sich die Macht im Staat zunehmend auf die Armee. 235 n. Chr. begann mit der Herrschaft von Maximinus Thrax die Ära der Soldatenkaiser. So lautet die moderne Bezeichnung für eine neue Generation von römischen Kaisern, die, aus den Führungsrängen der Legionen stammend, von den Soldaten zu Kaisern ausgerufen wurden. Diese Entwicklung resultierte aus dem Verlust des Vertrauens in die herkömmlichen Kaiser, die aus dem Stand der Senatoren stammten und auch vom Senat zu Herrschern bestimmt worden waren.

Jedoch brachten auch die Soldatenkaiser keine Stabilität in den Staat. Im Gegenteil: Nun konkurrierten die Führer der Legionen gegenseitig um die Herrschaft. Wenn die eine Armee

Siedlungsgebiete von germanischen Stämmen um die Zeitenwende

NORDSEE

OSTSEE

Farodiner

Chalusos

Sidiner

Sachsen

Teutonen

Avarper

Friesen

Chauken

Albis
(Elbe)

Syebos

Ampsivarier

Angrivarier

Visurgis

Langobarden

S u e b e n

Semnonen

(Oder)

ananefaten

(Weser)

Cherusker

Harz

(Spree)

(Havel)

ataver

Usipeter

Brukterer

Amisia

Cugerner

Rhenus

Sugamberer

Marser

Hermunduren

Ubier

Tenkterer

Westerwald

Chatten

(Werra)

Thüringer Wald

Erzgebirge

Markomannen ab 8. v. Chr.

Eifel

(Lahn)

Treverer

Mattiaker

Spessart

(Main)

Bayer. Wald

Vangionen

Oden-wald

(Mosel)

(Rhein)

Nemeter

(Donau)

(Isar)

Triboker

Schwarz-wald

(Neckar)

Danuvius

Alpenvorland

(Inn)

(Enns)

(Aare)

0   50   100   150 km

Rekonstruktion eines Wachturms samt Palisade am Kastell Zugmantel, Teil der römischen Grenzbefestigung des Obergermanischen Limes

ihren Kommandeur zum Kaiser ausgerufen hatte, antwortete eine andere Legion mit der Erhebung eines ihrer eigenen Generäle. Und so kämpften dann die Kommandeure gegeneinander, anstatt sich um die wirklichen Probleme zu kümmern. Einem militärisch erfolglosen Kaiser drohte zudem das Schicksal, das 238 n. Chr. bereits den ersten Soldatenkaiser Maximinus Thrax ereilte: Er wurde von seiner eigenen Truppe bei Aquileia in Norditalien erschlagen.

Zeitweise regierten drei oder vier Kaiser gleichzeitig, in der Regel, ohne dass sie die offizielle Legitimation vonseiten des zunehmend machtlosen Senats in Rom hatten. Aber nur wer vom Senat ausdrücklich anerkannt wurde, durfte sich nach der Tradition als Kaiser bezeichnen. Daher herrschten immer ein regulärer Kaiser und gleichzeitig zahlreiche Rivalen, die ihr Mandat allein vom Heer erhalten hatten. So ist es kein Wunder, dass es in den 49 Jahren bis zu den Reformen Diokletians, der die Epoche der Soldatenkaiser beendete und das Reich wieder in ruhigere Bahnen lenkte, zu einer wahren Kaiserschwemme kam. Bis 284 n. Chr. traten über 70 Kaiser, Gegenkaiser, Usurpatoren und Prätendenten auf und machten das Reich praktisch unregierbar. Viele Bewohner des Reiches konnten auf die Frage, wer denn gerade Kaiser sei, keine Antwort geben.

Besondere Schwierigkeiten ergaben sich im Westen und im Osten des Reiches. An der Rheingrenze gelang dem römischen Feldherrn Postumus ein militärischer Sieg gegen die unermüdlich vorrückenden Franken. Daraufhin wurde er in Köln von seinen Truppen zum *Imperator*, also zum Kaiser, ausgerufen. Bis dahin handelte es sich um einen inzwischen bereits gewohnten Vorgang. Neu war jedoch, dass Postumus, der auch von den Armeen in Britannien und Spanien anerkannt wurde, ein eigenes, vom übrigen Imperium getrenntes Reich gründete. Dieses „Gallische Sonderreich", wie man es heute nennt, hatte auch nach dem Tod des Postumus (269 n. Chr.) Bestand und konnte sich unter seinen Nachfolgern bis 274 n. Chr. halten. So lange ließen die regulären Kaiser Gallienus (253–268 n. Chr.) und Aurelian (270–275 n. Chr.) die Sonderkaiser gewähren. Ihre Zurückhaltung hatte einen einfachen Grund: Die Sonderkaiser nahmen ihnen einen Teil ihrer Arbeit ab. Denn in der Hauptsache waren diese damit beschäftigt, die anstürmenden Franken abzuwehren. So fiel 260 n. Chr. der Limes – jene vorgeschobene Reichsgrenze, die seit dem Ende des 1. Jahrhunderts n. Chr. Rhein und Donau verbunden und große Teile Süddeutschlands in das Römische Reich integriert hatte. Jedoch konnte Postumus ein Übergreifen auf die Territorien westlich des Rheins verhindern.

Zur selben Zeit vollzog sich im Vorderen Orient eine ganz ähnliche Entwicklung. Dort übernahm 267 n. Chr. in der reichen Oasenstadt Palmyra nach dem Tod ihres Mannes Odaenathus die einheimische Dynastin Zenobia die Herrschaft. Während Odaenathus ein treuer Vasall der Römer gewesen war, nutzte die ambitionierte Zenobia seine Ermordung, um eigene Ziele zu verwirklichen. Sie eroberte mit ihren Armeen Teile Kleinasiens, Arabiens und Ägyptens und nannte sich offiziell *Augusta*. Damit erweiterte sie das Repertoire der römischen Kaisergeschichte um eine weibliche Kaiserin. Mit Recht darf Zenobia als einzige Frau bezeichnet werden, die nicht nur als Gattin des Kaisers Kaiserin genannt wurde, sondern auch tatsächlich selbst herrschte. Gallienus und Aurelian ließen sie anfangs gewähren, weil Zenobia in derselben Weise die Sicherung der Ostgrenze wie Postumus die der Westgrenze übernahm. 272 n. Chr. aber rückte der um seine Autorität als Kaiser besorgte Aurelian gegen Zenobias gefürchtete Bogenschützenarmee vor und machte dem Sonderreich von Palmyra ein Ende.

In der Zeit der großen Reichskrise des 3. Jahrhunderts n. Chr. kam es zu den massivsten Christenverfolgungen, die das Römische Reich bis dahin gesehen hatte. Das war kein Zufall. Denn die römischen Kaiser, unfähig, die Probleme des Reiches zu lösen, sahen in den Christen, die gerade in diesen schweren Zeiten einen großen Zulauf erlebten, Sündenböcke, die geeignet waren, von den eigenen Versäumnissen abzulenken. Man warf den Christen vor, mit ihrem Glauben die römischen Götter aufgebracht zu haben. Und zur Strafe für die Störung der *pax deorum*, des „Friedens mit den Göttern", schickten diese nun den Menschen alle nur denkbaren Krisen und Katastrophen.

Die reichsweiten, systematischen Verfolgungen begannen unter Kaiser Decius (249–251 n. Chr.). Alle Reichsbewohner wurden aufgefordert, an ihren Wohnorten dem Herrscher und den Staatsgöttern ein Opfer darzubringen. Wer dies tat, erhielt eine *libellum* genannte Opferbescheinigung. Die meisten Christen (und die Juden), die keinen anderen Gott anbeten durften, leisteten der obrigkeitlichen Order keine Folge und wurden daraufhin mit Sanktionen belegt, die von der Konfiszierung des Vermögens bis zur Hinrichtung reichten. Was vom Kaiser ursprünglich als eine Solidaraktion der Bevölkerung für das notleidende Regime gedacht war, stellte sich als ein probates Mittel heraus, die angebliche Distanz der Christen zum Staat zu geißeln.

Noch schlimmer erging es den Christen unter Kaiser Valerian (253–260 n. Chr.). Bei dessen Verfolgungen gerieten die Anhänger der Lehre Jesu direkt ins Visier des Staates. Abermals kamen Tausende ums Leben. Noch wichtiger als die Bestrafung der Ketzer aber war für Valerian, der gemeinsam mit seinem Sohn Gallienus regierte, der finanzielle Aspekt. Die christlichen Gemeinden hatten viel Vermögen angehäuft, mit dem der Herrscher die chronische Ebbe in der Staatskasse zu beseitigen gedachte. Dass Valerian, als erster Kaiser überhaupt, 260 n. Chr. bei einem Feldzug gegen die Perser in Gefangenschaft geriet, sahen die Christen als gerechte Strafe ihres Gottes für das frevelhafte Verhalten des Kaisers an. Der siegreiche König Schapur I. feierte den Erfolg in einer groß angelegten Propagandakampagne, während für die leidgeprüften Römer das Schicksal Valerians eine weitere Demütigung darstellte und als Zeichen des nahenden Untergangs gedeutet wurde.

Dass es dazu nicht kam und das Chaos einstweilen ein Ende hatte, war den Reformen Diokletians zu verdanken. 284 n. Chr. selbst noch als Soldatenkaiser an die Macht gekommen, verordnete er aus den negativen Erfahrungen der Krisenzeit heraus dem Reich eine neue Herrschaftsstruktur. Da ein einziger Kaiser offenbar mit der Aufgabe überfordert war, die vielfältigen Probleme des Imperiums zu lösen, installierte Diokletian eine „Tetrarchie", bei der sich vier Kaiser (zwei mit dem Titel *Augustus*, zwei mit dem Titel *Caesar*) die Herrschaft aufteilten. Jeder von ihnen erhielt einen bestimmten territorialen Zuständigkeitsbereich. So konnten insbesondere die jeweils anfallenden Grenzkonflikte effizienter gelöst werden.

Zudem führte Diokletian ein neues Hofzeremoniell ein. Der Kaiser wurde in eine fast göttliche Sphäre gerückt und verlangte entsprechende kultische Verehrung. So wurde der Schritt vom Prinzipat augusteischer Prägung zum spätantiken Dominat (von *dominus* = Herr) vollzogen. Auch dahinter standen die Erfahrungen der Soldatenkaiserzeit: Der religiöse Nimbus diente als Schutzschild, der sakrosankte Status sollte für potenzielle Kaisermörder die Hemmschwelle erhöhen, ihre Pläne in die Tat umzusetzen. In diesem Zusammenhang sind auch die von Diokletian initiierten Christenverfolgungen zu sehen: Der Herrscher verlangte für sich und seine drei Mitregenten uneingeschränkte Aufmerksamkeit.

Zusammen mit einem Paket wirtschaftlicher und fiskalischer Reformen gelang es Diokletian so, das schlingernde Staatsschiff wieder auf Kurs zu bringen. Nach 20 Jahren erfolgreicher Tetrarchie zog er sich 305 n. Chr., wie von Anfang an vorgesehen, ins Privatleben zurück, in der festen Überzeugung, dass für Rom nun wieder bessere Zeiten anbrechen würden.

Christen am Schandpfahl in einer römischen Stadt (Stahlstich von Henry Winkles, 1849)

Konstantin der Große

Der römische Kaiser Konstantin gehört zu jenen Persönlichkeiten der Geschichte, die von ihren Zeitgenossen oder auch erst von der Nachwelt mit dem Prädikat „der Große" ausgezeichnet wurden. Fast alle „Großen" ehrte man wegen ihrer kriegerischen Erfolge. Bei Konstantin verhielt es sich anders. Der Herrscher wurde von den dankbaren Christen zum „Großen" erhoben, weil er zum einen die von seinen Vorgängern rigoros durchgeführten Christenverfolgungen beendete und zum anderen das Christentum nach Kräften förderte. So überragte es an Bedeutung und Einfluss schließlich alle anderen Religionen im Römischen Reich und trat seinen Siegeszug als eine der großen Weltreligionen an.

Gerne wird Konstantin wegen dieser Verdienste zum „christlichen Kaiser" stilisiert. In erster Linie aber war er ein zielstrebiger Politiker, der es bestens verstand, auf der Klaviatur der Macht zu spielen. 272 oder 273 n. Chr. auf dem Balkan geboren, ließ er sich 306 n. Chr. nach dem überraschenden Tod seines Vaters Constantius Chlorus von dessen Legionen im britannischen Eboracum (dem heutigen York) zum Kaiser ausrufen. Damit sprengte er das von Diokletian installierte System der Tetrarchie. Sein Vater war einer der vier Kaiser gewesen. Ihm war die westliche Reichshälfte zur Verwaltung anvertraut. Sein Nachfolger – außerhalb der Familie – stand bereits parat. Konstantin hätte die Akklamation der Soldaten also eigentlich ablehnen müssen. Das tat er jedoch nicht und stürzte das Römische Reich dadurch in einen mehrjährigen Bürgerkrieg.

Die Usurpation Konstantins rief auch andere Prätendenten auf den Plan. So ließ sich noch im gleichen Jahr Maxentius, der Chef der Prätorianergarde in Rom, von seiner Truppe zum Kaiser ausrufen. Die Zeitgenossen fühlten sich an die unseligen Verhältnisse der Soldatenkaiserzeit erinnert. Vermittlungsversuche, an denen sich auch der alte, aus seinem Pensionärsdasein im Palast von Split reaktivierte Diokletian beteiligte, scheiterten, sodass wieder einmal die Waffen sprachen.

Die denkwürdigste Schlacht in dieser an militärischen Auseinandersetzungen reichen Zeit fand am 28. Oktober 312 statt. Sie wurde zwischen Konstantin auf der einen und Maxentius auf der anderen Seite geschlagen. Ort des Geschehens war die Milvische Brücke in der Nähe von Rom, eine der antiken Tiber-Brücken. Konstantin siegte, während Maxentius im Fluss ertrank. Die christliche Geschichtsschreibung hat mit der Schlacht an der Milvischen Brücke die Hinwendung Konstantins zum Christentum verbunden. Dem Konstantin-Biografen Eusebius zufolge erschien vor

ST. DIMITRI

YENI SHEHR

AIANTEION

KASSIM PASHA

PERA (13. Jh.)

TOPHANE

Goldenes Horn

Christenturm

Alte Brücke

Galata

Bosporus

Neue Brücke

Sperrkette

Leander-Turm

Chrysopolis (6. Jh. v. Chr.)

ab des letzten ant. Kaisers

Sheik-ul-Islam

Suleiman-Moschee

Sultan Laideh-Moschee

Saray-Spitze

Sperrkette

Gotensäule

Neues Saray

ns-Aquädukt

Kapitol Altes Saray

Forum Tauri

Bajazet-Moschee

Konstantins-Forum

Akropolis des griech. Byzanz

Hohe Pforte

Mese

Konstantins-Säule

Hagia Sophia

Hippodrom

Bukoleon-Palast

Justinian-Statue

Konstantin-Hafen

Kaiserlicher Palast

Schlangensäule

PROPONTIS (Marmarameer)

Konstantinopel

- Siedlungsgebiet im 15. Jh. n. Chr.
- Mauer Galata
- Mauer Neues Saray

- altes griech. Byzanz
- Erweiterung Konstantin I. (330)
- Erweiterung Theodosius II. (408–450)
- Erweiterung Herakleios (629–641)

Ein Follis (eine römische Bronzemünze) mit einem Porträt Konstantins des Großen auf der Vorderseite

der Schlacht am Himmel das Kreuzeszeichen mit dem Schriftzug „in diesem Zeichen siege" (lateinisch *in hoc signo vinces*). In der Nacht soll sich Christus dem kampfbereiten Konstantin persönlich gezeigt und ihm empfohlen haben, jenes Zeichen in der Schlacht als Schutzschild zu verwenden. Tatsächlich führte seine Armee bei dem Gefecht an der Milvischen Brücke das Labarum mit sich – eine Standarte mit dem Christogramm, also den Anfangsbuchstaben Chi und Rho des Namens Christus.

Dass Konstantin mit Christus in die Schlacht an der Milvischen Brücke zog, hatte allerdings weniger mit religiöser Bekehrung als mit politischem Pragmatismus zu tun. Die Christen waren trotz der vielen Verfolgungen zu einem wichtigen Faktor im römischen Staat geworden. Sie verfügten über ein reichsweites Netz an Beziehungen, das, wie Konstantin erkannt hatte, auch politisch verwertbar war und in den turbulenten Zeiten der Bürgerkriege einen großen Vorteil darstellen konnte. Schon im Jahr zuvor hatte Galerius, der im Kampf um die Macht ebenfalls eine prominente Rolle spielte und damals die Herrschaft im Osten des Reiches innehatte, ein Edikt durchgesetzt,

in dem das Christentum zu einer „erlaubten" Religion erklärt wurde. Auch dahinter hatte das Motiv gestanden, bei den innenpolitischen Auseinandersetzungen die Unterstützung der Christen zu gewinnen.

Genauso dachte auch Konstantin. Zuvor war er ein Anhänger des Gottes Sol Invictus, des „unbesiegten Sonnengottes", gewesen. Nun erklärte er nach der erfolgreichen Schlacht an der Milvischen Brücke den Christengott zu seinem persönlichen Schutzgott, speziell zu einem Gott, der ihm Kriegsglück bringen sollte. Das hinderte ihn jedoch nicht daran, seinem bisherigen Favoriten Sol Invictus weiterhin seine kultische Reverenz zu erweisen. Konstantin war auch noch weit davon entfernt, das Christentum zur alleinigen und ausschließlichen Religion zu erheben. Die Zeit für einen christlichen Monotheismus war noch nicht gekommen, weil Pluralismus und Liberalität feste Bestandteile antiker Religiosität waren.

Das Christentum erfreute sich in der Folgezeit aber besonderer kaiserlicher Fürsorge. Dazu gehörten die Stiftung von Kirchen (auf Konstantin gehen der Petersdom in Rom und die Hagia Sophia im heutigen Istanbul zurück) und die Befreiung führender Kirchenmänner von Steuerzahlungen. Konstantins Mutter Helena begleitete das Unternehmen „Förderung des Christentums" mit

Die Arianer und der Streit um das Jota

Kleiner Buchstabe, große Wirkung: Ein „i", genauer gesagt: das griechische Jota, sorgte für einen Konsens im scheinbar ewigen Streit zwischen „rechtgläubigen" Katholiken und „irrgläubigen" Arianern. Auf dem ersten ökumenischen Konzil in Nikaia (325) war das Verhältnis zwischen Gottvater und Gottessohn als „wesenseins" (griechisch homo-ousios) definiert worden. Die Arianer hatten damit eine Niederlage erlitten, waren aber weit davon entfernt

aufzugeben. So fand man eine Kompromissformel, mit der sich alle arrangieren konnten: An die Stelle der „Wesensgleichheit" trat die „Wesensähnlichkeit", aus homo-ousios wurde homoi-ousios. Die Hinzunahme des Jota gab den Ausschlag. Die damaligen Diskussionen haben sogar auf den modernen Sprachgebrauch abgefärbt – nämlich dann, wenn man darauf beharrt, von seiner Auffassung kein Jota abweichen zu wollen.

großem Engagement. Mit ihrer Pilgerreise nach Jerusalem, von der sie mit einem Splitter zurückkehrte, von dem sie behauptete, er stamme vom Kreuz Jesu, wurde sie zur Initiatorin von christlichen Wallfahrten ins Heilige Land. Auch hier zeigte sich Konstantin spendabel und finanzierte den Bau der Geburtskirche in Bethlehem und der Grabeskirche in Jerusalem.

Nach der Beseitigung seines letzten Rivalen Licinius im Jahre 324 war Konstantin am Ziel seiner Wünsche angelangt. Jetzt war er alleiniger Herrscher im Römischen Reich. Rasch zeigte sich nun aber, dass seine Allianz mit den Christen nicht nur Vorteile brachte. Der römische Kaiser war traditionell der oberste Priester (*Pontifex Maximus*), und als solcher musste er sich nun um die Glaubens-

Vor der Schlacht an der Milvischen Brücke soll Konstantin dem Großen am Himmel das Kreuzeszeichen erschienen sein (Radierung von Francesco Avila, 1722, nach einem Fresko von Giulio Romano, um 1520).

Spätantike Kaiserresidenzen

Lange Zeit war Rom die Hauptstadt des Römischen Reiches. In der Spätantike verlagerten sich jedoch die Schauplätze des politischen und militärischen Geschehens in Richtung der Angriffszonen und der Grenzen. Entsprechend wählten die Kaiser ihre Residenzen. In Italien hielten sie sich zunächst in Mailand, Verona und Aquileia auf. Von 404 bis zum Ende des Weströmischen Reiches war Ravenna Kaiserresidenz. In Britannien diente York (antik Eboracum) als Sitz der Herrscher, in Gallien Trier (Augusta Treverorum), das von Constantius Chlorus, dem Vater Konstantins des Großen, in diesen privilegierten Rang erhoben worden war. Im Osten zierten Nikomedia (das heutige Izmit in der Türkei), Thessalonike, Sirmium und Serdica die Liste der Kaiserstädte. Keine dieser Städte konnte es aber mit Konstantinopel, der Residenz Konstantins des Großen, aufnehmen. Sie ist auch heute, seit der türkischen Eroberung unter dem Namen Istanbul, die weitaus größte Stadt unter den einstigen römischen Kaiserresidenzen.

kämpfe kümmern, die unter den Christen ausbrachen, nachdem sie nicht mehr eine verfolgte Gruppe, sondern ein gestaltender gesellschaftlicher Faktor im römischen Staat geworden waren. So musste Konstantin 325 die führenden Vertreter der christlichen Kirche nach Nikaia (auch Nicäa) im Nordwesten Kleinasiens rufen, um den „Arianischen Streit" zu klären. Stein des Anstoßes waren die provozierenden Lehren des Klerikers Areios (Arius) aus Alexandria, wonach Jesus Christus als Sohn Gottes nicht die gleichen Qualitäten wie sein Vater hatte. Auf dem ersten ökumenischen Konzil der Kirchengeschichte wurde der Arianismus verurteilt und zur Irrlehre erklärt. Da viele Gläubige aber weiter an der Lehre des Areios festhielten, gab es die ersten ernsten Spannungen innerhalb der jungen Kirche.

Insgesamt aber bedeutete die Herrschaft Konstantins des Großen nach den langwierigen Bürgerkriegen

eine Phase der Konsolidierung und Stabilisierung der politischen Verhältnisse im Römischen Reich. Von den Untergangsszenarien, die in der Zeit der Soldatenkaiser kursiert hatten, war keine Rede mehr. Militär- und Zivilverwaltung wurden neu organisiert und die Wirtschaft erholte sich durch eine kluge Währungs- und Finanzpolitik, zu der vor allem die Einführung einer neuen stabilen Goldmünze gehörte. Ergebnis der Reformpolitik war außerdem die Installierung einer zentralen, effizient arbeitenden Bürokratie. Die Senatoren, die unter den Soldatenkaisern ins politische Abseits geraten waren, erhielten nun wieder die Chance, höhere Ämter zu bekleiden. Damit sicherte Konstantin dem Staat ein bedeutendes Potenzial an politischem Sachverstand. Die Reichsgrenzen, die im 3. Jahrhundert noch Schwachstellen des Reiches gewesen waren, konnten durch taktische Veränderungen der Armeen und durch hohen finanziellen Aufwand beruhigt werden. Von den germanischen Völkern und den Persern gingen in dieser Zeit keine nennenswerten Gefahren aus.

Ein Schritt von großer Bedeutung und mit historischer Langzeitwirkung war die Gründung einer neuen Hauptstadt im Osten des Reiches. Dazu ließ Konstantin die alte griechische Stadt Byzantion (Byzanz), die strategisch und wirtschaftlich außerordentlich günstig zwischen Europa und Asien lag, zu einer glanzvollen Metropole ausbauen. Der feierliche Gründungsakt der Stadt, die Konstantin nach sich selbst *Konstantinopolis* („Konstantins-Stadt") nannte, fand am 11. Mai 330 statt. Sie entwickelte sich in der Folgezeit zu einer Drehscheibe des internationalen Handels. Auch über die Ära des Gründers hinaus war Konstantinopel eine ruhmreiche Zukunft beschieden – zuerst nach der Teilung des Römischen Reiches als Hauptstadt von Ostrom, dann als Zentrum des Reiches von Byzanz und später, nach der Eroberung durch die Osmanen, nunmehr unter dem Namen Istanbul, Residenz der türkischen Sultane.

Konstantin starb am 22. Mai 337 im Alter von 64 (oder 65) Jahren in seiner Stadt Konstantinopel. Auf dem Sterbebett ließ er sich christlich taufen. Bestattet wurde er in der Apostelkirche. Die Herrschaft überließ der Kaiser seinen drei Söhnen Constantinus, Constantius und Constans. Die Rückkehr zum dynastischen Prinzip erwies sich jedoch bald als keine glückliche Entscheidung. Denn nach kurzer Zeit kam es wieder zu internen Streitigkeiten und Rivalitäten, die das Reich in eine neue Krise steuerten.

Konstantin der Große gründet 330 Konstantinopel als neue Hauptstadt des Römischen Reiches (neukolorierte Federlithografie mit Tonplatte von Johann Nepomuk Geiger, 1860).

Die Teilung des Römischen Reiches

Konstantin der Große starb 337 n. Chr. Danach sollte das Römische Reich noch 58 Jahre lang als Einheit bestehen bleiben. Dann erfolgte im Jahr 395 n. Chr. der per Testament des Kaisers Theodosius verfügte Beschluss zur Teilung der Herrschaft, woraus eine Teilung des Reiches in ein Weströmisches und ein Oströmisches Reich resultierte.

Unter den drei Söhnen Konstantins, die sich nach dem Wunsch des Vaters die Regierungsgewalt teilen sollten, waren interne Rivalitäten und Auseinandersetzungen an der Tagesordnung. 340 starb Constantinus, sein Bruder Constans kam 350 als Folge einer von den Soldaten gelenkten Usurpation ums Leben. So blieb nur noch Constantius übrig, der sich wieder der Herausforderung äußerer Bedrohungen zu stellen hatte. Denn die germanischen Völker, allen voran die Franken und die Alamannen am Rhein, nutzten einmal mehr die innenpolitischen Probleme der Römer aus, um Landgewinne auf dem römischen Territorium zu erzielen. Mit dem überraschenderweise auf natürlichem Weg erfolgten Tod des Constantius (361) erlosch dann die direkte Linie der Konstantinischen Dynastie.

Nun folgte die kurze, aber höchst bemerkenswerte Ära eines Kaisers namens Julian. Sein griechischer Beiname *Apostata*, was so viel wie „der Abtrünnige" bedeutet, signalisiert, dass für diesen Kaiser, dessen Herrschaft nur von 361 bis 363 dauerte, Konformismus und politische Korrektheit nicht an erster Stelle der Agenda rangierten. Julian war ein Neffe Konstantins, diente seinen Söhnen als Armeechef und wurde von diesen mit dem Titel eines Caesar belohnt. Bereits 360 in Paris (das damals *Lutetia Parisiorum* hieß) zum Augustus ausgerufen, übernahm er im folgenden Jahr die Nachfolge des Constantius und war damit Alleinherrscher im Römischen Reich. Seinen wenig schmeichelhaften Beinamen verdankte er dem Versuch, das Rad der Geschichte zurückzudrehen: Er verfolgte das Ziel, den scheinbar unaufhaltsamen Aufstieg des Christentums zu stoppen und den alten, von den siegreichen Christen als „heidnisch" apostrophierten römischen Göttern wieder die ihnen seiner Meinung nach gebührende Führungsrolle zu verschaffen.

Das Römerreich im Jahre 400 n.Chr.

- 🟧 Oströmisches Reich
- 🟥 Weströmisches Reich
- •••• Grenze des Ost- und Weströmischen Reiches

Dies geschah nicht durch ein schlichtes Verbot der christlichen Religion. Vielmehr veröffentlichte der Kaiser eine Reihe von Edikten, aufgrund derer das Bekenntnis zur christlichen Religion die Karriere in Heer, Verwaltung, Schulen und Universitäten behinderte.

Julians Feldzug gegen die Christen war nicht das Werk eines religiösen Eiferers. Zur Religion hatten römische Kaiser immer ein pragmatisches Verhältnis. Vielmehr sympathisierte der Kaiser mit jenen einflussreichen Kreisen insbesondere der stadtrömischen Aristokratie, denen der Erfolg des Christentums ein Dorn im Auge war, weil in den Bischöfen und Klerikern eine kirchliche Elite entstanden war, die ihren eigenen sozialen Status schwächte. Außerdem war der hochgebildete Julian, wie seine Briefe beweisen, von philosophischen Idealen geleitet, deren Realisierung die Christen seiner Ansicht nach im Wege standen. Das restaurative Experiment des Julian Apostata endete abrupt am 26. Juni 363. An diesem Tag kam der gerade einmal 32-jährige Kaiser auf einem Feldzug gegen die Perser ums Leben. Sofort nach seinem Tod begann die antike Gerüchteküche zu brodeln. Der Tod des Abtrünnigen musste noch eine besondere Note erhalten, und so setzte sich die (historisch unwahrscheinliche) Version durch, Julian Apostata sei von

Triumphzug des Kaisers Theodosius (Kupferstich nach dem Relief der durch Kaiser Arcadius 401 in Konstantinopel errichteten Theodosius-Säule)

einem Christen im römischen Heer getötet worden, der sich an dem heidnischen Restaurator rächen wollte.

Die nachfolgende Kaiserdynastie, die von Valentinian I., einem Offizier der Leibgarde, gegründet wurde, hob die Edikte Julians wieder auf und widmete sich – nicht erfolglos – der Verteidigung der notorisch bedrohten Grenzen des Reiches. Aus praktischen Gründen teilte sich Valentinian die Herrschaft mit seinem Bruder Valens, dem er die Verwaltung der östlichen Reichshälfte anvertraute. Rückblickend betrachtet, war dies keine gute Entscheidung. Denn mit dem Namen Valens ist eine der größten militärischen Katastrophen der römischen Geschichte verbunden. Am 9. August 378 fand bei Adrianopel (dem heutigen Edirne im türkisch-griechisch-bulgarischen Grenzgebiet) eine denkwürdige Schlacht statt. Gegner der Römer war eine Koalition gotischer Teilstämme. Sie bereiteten Valens eine verheerende, demoralisierende Niederlage. Was die Zeitgenossen vor allem erschütterte, war der Umstand, dass der Kaiser in der Schlacht ums Leben kam. Zwar gelang es den Goten nicht, wie geplant, die Stadt Konstantinopel zu erobern. Jedoch wirkte Adrianopel im allgemeinen Bewusstsein wie das Fanal eines

drohenden Abstiegs. So notierte der Bischof Ambrosius: „Wir erleben den Untergang eines Zeitalters."

So weit war es in der Realität allerdings noch nicht. Das Römische Reich verfügte trotz aller Schwierigkeiten über stabile Strukturen, die seine Lebensfähigkeit einstweilen weiter garantierten. Zudem kam mit Theodosius I. ein Herrscher an die Macht, der über einiges politisches Geschick verfügte und auch militärische Erfolge feiern durfte. 379 wurde der gebürtige Spanier von dem Westkaiser Gratian, dem älteren Sohn Valentinians I., zum Augustus des Ostens erhoben. Gratian selbst wurde 383 Opfer einer Usurpation, doch Theodosius besiegte 388 den dafür verantwortlichen selbst ernannten Kaiser Maximus.

Von diesem Zeitpunkt bis zu seinem Tod 395 war Theodosius, der in Konstantinopel residierte, praktisch Alleinherrscher im Römischen Reich. Zwar gab es, wie es inzwischen üblich geworden war, auch einen Kaiser im Westen mit wechselndem Dienstsitz in der altehrwürdigen Reichshauptstadt Rom oder in Mailand. Doch Valentinian II., jüngerer Sohn Valentinians I. und Bruder Gratians, war noch sehr jung – zum Zeitpunkt der

Machtübernahme des Theodosius war er gerade einmal acht Jahre alt. Auch römische Kaiser waren in einem solchen Alter noch keine perfekten Diplomaten und Feldherrn. Doch angesichts der ständig drohenden Gefahr von Usurpationen war es in der Spätantike zu einem probaten Mittel der Herrschaftssicherung geworden, Kinder als Kaiser zu installieren. Oberste Priorität hatte dabei der Gedanke, die Macht in der Familie zu behalten. Natürlich waren die kindlichen oder jugendlichen Kaiser dabei dem massiven Einfluss von Beratern ausgesetzt, die häufig weniger auf die Belange des Staates als vielmehr auf ihre persönlichen Interessen achteten. Dies ist ein Faktor, den man auf der Suche nach Gründen, die zum Niedergang und schließlich zum Untergang des Römischen Reiches führten, nicht unterschätzen darf.

Mit zwei Maßnahmen hat Theodosius der Geschichte seinen eigenen Stempel aufgedrückt und zugleich wichtige Weichen für die Zukunft gestellt. Unter seiner Regie wurde das Christentum, das durch Konstantin den Großen zu einer erst erlaubten, dann privilegierten Religion gemacht worden war, zur einzig erlaubten Religion im Römischen Reich. Dies bedeutete eine radikale Abkehr von dem bis dahin in Stein gemeißelten Grundsatz der religiösen Vielfalt. Die Beförderung des Christentums zur exklusiven Religion erfolgte im Zuge von mehreren kaiserlichen Edikten, die nach und nach alle anderen Kulte untersagten. So verfügte eine kaiserliche Anordnung vom Februar 391 drastische Maßnahmen gegen die „Ungläubigen". Der Sanktionskatalog enthielt etwa das Verbot des Besuches von Tempeln und der Teilnahme an nichtchristlichen Opferhandlungen. Dazu wurde überhaupt jeglicher Götterkult verboten. Jupiter, Mithras und die tausend anderen Götter hatten gegen den Christengott verloren. Entsprechend wurden 393 auch die Olympischen Spiele verboten, weil sie im Kern Feierlichkeiten zu Ehren des griechischen Göttervaters Zeus waren.

Die Erhebung des Christentums zur Staatsreligion hatte vor allem politische Gründe. So war der christliche Klerus als Herrschaftsträger inzwischen unentbehrlich geworden. Aktuell spielte auch ein Konflikt des Kaisers mit Ambrosius, dem selbstbewussten Bischof von Mailand, eine Rolle. In diesem Machtkampf ging es in einer Art Vorwegnahme des späteren mittelalterlichen Investiturstreits (König Heinrich IV. gegen Papst Gregor VII.) um Einfluss und Kompetenzen in der Kirche. Indem Theodosius das Christentum zur Staatsreligion machte, gewann er die Sympathien und die Unterstützung des restlichen kirchlichen Führungspersonals.

Theodosius I. starb am 17. Januar 395. Die Nachfolge hatte er in seinem Testament geregelt: Seine beiden Söhne sollten sich die Herrschaft teilen. Honorius (damals zehn Jahre alt) bekam den Westen, Arcadius (damals 17 Jahre alt) den Osten. Die Grenze zwischen den beiden Reichsteilen verlief mitten durch den Balkan, längs des Flusses Drina. Das war exakt dieselbe Grenze, die Octavian (der spätere Kaiser Augustus) und Marcus Antonius 40 v. Chr. im Vertrag von Brundisium als Markierungslinie ihrer jeweiligen Einflussbereiche gewählt hatten. Honorius residierte erst in Mailand, dann in Ravenna. Arcadius behielt Konstantinopel bei, den Stammsitz aller Kaiser des Ostens.

Was Theodosius mit seiner testamentarischen Bestimmung bezweckt hatte, war die Teilung der Herrschaft, wie sie in der Vergangenheit aus politischen und militärischen Gründen schon häufiger praktiziert worden war. Dabei ging er weiterhin von der Reichseinheit aus: Gesetze, die von einem der beiden Kaiser erlassen wurden, galten selbstverständlich auch in dem anderen Reichsteil. Doch in der Realität wurde nun aus einer Teilung der Herrschaft eine Teilung des Reiches. Im Laufe des 5. Jahrhunderts nahmen die beiden Teile eine getrennte Entwicklung, sowohl in politischer als auch in wirtschaftlicher, kultureller und religiöser Hinsicht. Auf der einen Seite gab es das Weströmische und auf der anderen Seite das Oströmische Reich. Es ging eine unsichtbare Grenze durch Europa, die dazu führte, dass beide Teile ein eigenes Leben zu führen begannen. Nun gab es einen lateinisch geprägten Westen und einen griechisch geprägten Osten. Und auch die christliche Staatskirche verlor ihre Einheit. Im Osten bildete sich die griechisch-orthodoxe, im Westen die römisch-katholische Kirche heraus.

Ein Medaillon mit den Porträts der gemeinsam herrschenden Brüder Valentinian I. und Valens (römisches Goldmedaillon, um 365–375)

Die große Völkerwanderung

Seit Kaiser Mark Aurel in der zweiten Hälfte des 2. Jahrhunderts an der unteren Donau in Kriege gegen die Markomannen und andere germanische Völker, die ins Römische Reich eingefallen waren, verwickelt worden war, wurden die Migrationen der Germanen zu einem Dauerthema der römischen Politik. Dabei hatten die Germanen zunächst gar nicht die Absicht, sich mit dem mächtigen Rom anzulegen. Vielmehr waren die meisten von ihnen auf der Suche nach neuem Siedlungsland – entweder weil sie von anderen Stämmen aus ihren bisherigen Wohnsitzen vertrieben worden waren oder weil sich durch Veränderungen des Klimas die Lebensbedingungen und Ernährungsmöglichkeiten dramatisch verschlechtert hatten.

Die Krise des Römischen Reiches im 3. Jahrhundert n. Chr. hatte es germanischen Stämmen wie den Franken und den Alamannen erleichtert, die Rheingrenze zu überqueren und weit auf römisches Gebiet vorzustoßen. Je nachdem, wie labil oder stabil sich die Lage im Inneren in der Folgezeit gestaltete, belasteten die Unternehmungen der Germanen in geringerem oder stärkerem Ausmaß die militärischen und finanziellen Ressourcen der Römer. Einige Kaiser entwickelten neue Methoden im Umgang mit den landsuchenden Völkern. So schloss Konstantin der Große 332 mit den Goten einen Vertrag im gegenseitigen Interesse: Die Goten verpflichteten sich, 40 000 Mann für die römische Armee abzustellen; im Gegenzug sicherte ihnen der Kaiser hohe Geldsummen zu. Andere Völker versorgte man mit Land auf grenznahen römischen Territorien. Die Germanen bekamen auf diese Weise freiwillig, was sie wollten, mussten keine Steuern zahlen und konnten ihr politisches und soziales Leben autonom gestalten, waren als *foederati* („Vertragspartner") aber zum Militärdienst für Rom verpflichtet. Eine solche Vereinbarung schloss etwa Kaiser Theodosius I. 382 mit

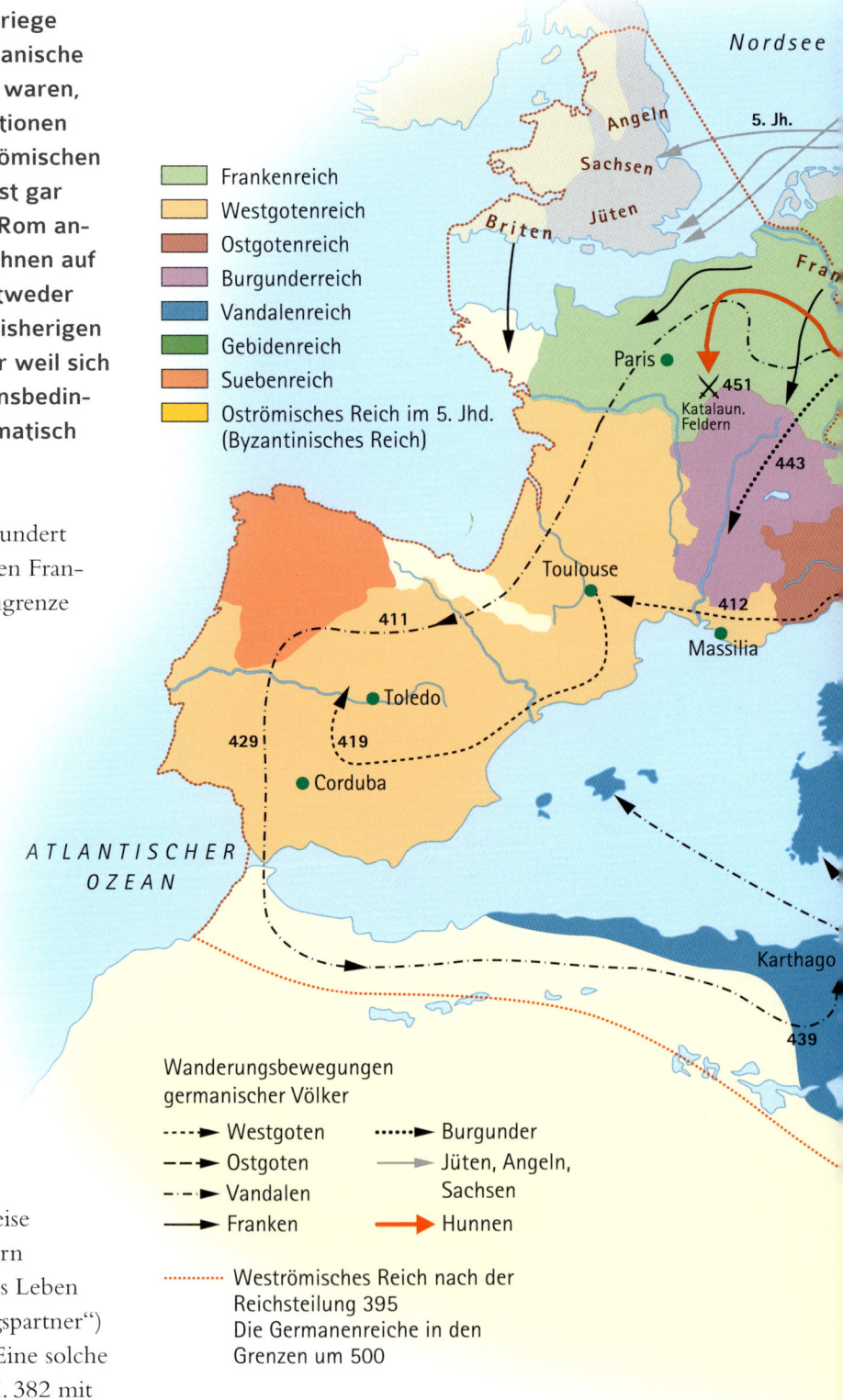

Wanderungsbewegungen germanischer Völker

- ----▶ Westgoten
- – –▶ Ostgoten
- –·–▶ Vandalen
- ──▶ Franken
- ······▶ Burgunder
- ──▶ Jüten, Angeln, Sachsen
- ──▶ Hunnen

·········· Weströmisches Reich nach der Reichsteilung 395
Die Germanenreiche in den Grenzen um 500

den Goten ab, als eine Folge der Schlacht von Adrianopel (378), in der Kaiser Valens ums Leben gekommen war. Der gesamte Teilstamm wurde an der unteren Donau angesiedelt und bildete nun mit den ansässigen römischen Bewohnern eine neue Bevölkerungsgruppe.

Erleichtert wurde die friedliche Lösung durch den Umstand, dass die Goten zu diesem Zeitpunkt bereits den christlichen Glauben angenommen hatten. Auch die meisten anderen germanischen Völker traten beim Überschreiten der Grenze zum Christentum über. Das war jedoch nicht so sehr eine Glaubensfrage oder das Ergebnis intensiver Mission. Vielmehr rechneten sich die Germanen auf diese Weise bessere Chancen aus, sich in die

Goten

2. Jh.

Burgunder

Vandalen
um 400

Ostgoten
bis 375

Hunnen

451

409

Westgoten
bis 375

375

Alanen

454

454

Schwarzes Meer

493

Ravenna

401

376

410

441

Konstantinopel
(Byzanz)

55

447

Pergamum

410

Athen

Ephesus

Antiochia

396

MITTELMEER

Jerusalem

Alexandria

Araber

Memphis

Theben

Die Germanen auf der Suche nach neuem Siedlungsland (nachkolorierter Holzstich nach einer Zeichnung von Otto Knille, 1880).

einheimische Bevölkerung zu integrieren, die seit Konstantin vorzugsweise, seit Theodosius obligatorisch dem christlichen Glauben angehörte. Viele Germanen, wie die Ostgoten, die Westgoten und die Vandalen, schlossen sich dabei nicht dem seit dem Konzil von Nikaia 325 als „richtig" definierten Katholizismus, sondern dem „falschen" Arianismus an. Die Lehre des Areios von einem über allem thronenden Gottvater entsprach mehr der hierarchischen Ordnung in den germanischen Stammesgesellschaften, in denen es in den meisten Fällen einen absoluten Clanchef gab, als die egalitäre Existenz von Gottvater und Gottessohn.

Doch nicht immer ging es so friedlich zu. Vielmehr kam es immer wieder auch zu kriegerischen Auseinandersetzungen. Den Höhepunkt erlebte die Völkerwanderung gegen Ende des 4. und im 5. Jahrhundert. Den Auslöser für diese neue, massive Wanderungswelle, an der eine Vielzahl germanischer Völkerschaften beteiligt war,

stellte der Einfall der Hunnen im Jahre 375 dar. Wohl aus klimatischen Gründen verließ das kampferprobte Reitervolk seine Heimat in den Weiten Zentralasiens und machte sich auf den Weg Richtung Westen. Der Zug der Hunnen löste eine regelrechte Massenwanderung aus. Denn die germanischen Völker, auf die sie im Osten und in der Mitte Europas trafen, hatten keine andere Wahl, als vor den Hunnen zu kapitulieren und die Flucht zu ergreifen. So versetzten die Krieger aus dem Osten, die von der ungarischen Tiefebene aus ihre weiteren Aktionen im westlichen Europa koordinierten, die Welt in Bewegung, was auch das Reich der Römer in Mitleidenschaft zog.

Auch die Goten waren von dem Vorrücken der Hunnen betroffen. Zu diesem Zeitpunkt hatte sich das Volk bereits in zwei große Stammesgruppen aufgeteilt: auf der einen Seite die Westgoten, auf der anderen Seite die Ostgoten. Allerdings hatten diese Namen nur in Bezug auf die Ostgoten etwas mit den Himmelsrichtungen zu tun. Weil

Der einflussreiche römische Heermeister und Politiker Stilicho mit seiner Ehefrau Serena (Diptychon, Kopie des 20. Jahrhunderts, Original um 396)

es Ostgoten gab, bildete sich im allgemeinen Sprachgebrauch auch die Bezeichnung „Westgoten" heraus. Doch hießen die Westgoten eigentlich *Visigoten*, was so viel wie die „guten" Goten bedeutet und wahrscheinlich auf eine aristokratische Elite in diesem Teilstamm rekurriert. Die Ostgoten leiten ihren Namen hingegen von der gotischen Bezeichnung *Ostrogoten* her. Die Vorsilbe *-ostro* hat im Gotischen die poetische Konnotation von „Sonnenaufgang", was tatsächlich den Osten als den Ort, wo die Sonne aufgeht, meint. Daran kann man im Übrigen erkennen, dass sich die Ostgoten diesen Namen nicht selbst gegeben haben, sondern dass er ihnen von germanischen Völkern gegeben wurde, die westlich von ihnen lebten.

Doch gotische Namenskunde war für die Römer damals sicher weniger interessant als die Frage, wie man mit den Goten in Zukunft umzugehen hatte. Denn das Foederaten-Modell funktionierte nicht immer und über-

Vandalen und Vandalismus

„Hausen wie die Vandalen" – bis heute müssen die Vandalen herhalten, wenn man Akte sinnloser Plünderung und Zerstörung geißeln will. Dabei waren die Vandalen bei ihren Beutezügen nicht schlimmer als andere germanische Völker. In ihrem nordafrikanischen Herrschaftsbereich mit der Hauptstadt Karthago stellten sie darüber hinaus unter Beweis, dass sie sehr wohl zu herausragenden kulturellen und zivilisatorischen Leistungen in der Lage waren. Ihre kunsthandwerklichen Produkte mussten den Vergleich mit Artefakten der Griechen und Römer nicht scheuen. Was sie erbeuteten, war gut ausgewählt und zeugte von Kennerschaft, was künstlerische Qualität angeht. Schuld daran, dass die Vandalen einen so schlechten Ruf haben, ist ein französischer Bischof namens Henri Grégoire. Dieser prägte am 31. August 1794, zur Zeit der Französischen Revolution, im Konvent den Begriff Vandalisme, um den Terror der Jakobiner und deren Umgang mit wertvollen Kunstwerken an den Pranger zu stellen.

all. Das zeigte sich in aller Deutlichkeit 410, das als ein weiteres Schicksals- und Katastrophenjahr in die römischen Annalen eingegangen ist. Der Ablauf der Ereignisse ist einigermaßen symptomatisch für die Art und Weise, wie in den letzten Jahrzehnten des Weströmischen Reiches der Umgang mit den einwandernden germanischen Völkern aus dem Ruder laufen konnte.

Am 24. August 410 stürmten die Westgoten unter der Führung ihres Königs Alarich die Stadt Rom. Einen solchen Angriff von außen hatte die alte Metropole des Imperiums schon seit mehreren Jahrhunderten nicht mehr erlebt. Zuletzt war es 387 v. Chr. Kelten gelungen, die Stadt am Tiber zu erobern und vorübergehend unter ihre Kontrolle zu bringen. Der Sturm der Westgoten auf Rom war aber nicht etwa das Werk plündernder und mordender Barbaren, wie man es später gerne und oft dargestellt hat. Alarich entschloss sich zu dieser Aktion, weil es zuvor in Verhandlungen mit römischen Autoritäten keine Lösung gegeben hatte.

Der starke Mann im Römischen Reich war zu dieser Zeit nicht Kaiser Honorius, der, wie antike Kritiker spotteten, in Ravenna saß und sich mehr um seine Hühner als um die Politik kümmerte. Vielmehr liefen die Fäden der Politik bei Stilicho zusammen, dessen Karriere beweist, dass römische Politik in dieser Zeit nicht mehr unbedingt von Römern gemacht werden musste. Stilicho war ein Germane, gehörte zu den Vandalen und hatte in römischen Reichsdiensten Karriere gemacht. Gerne bediente sich die römische Administration in dieser Zeit des Sachverstandes germanischer Adliger, weil sich diese bei den Germanen gut auskannten. Stilicho bekleidete das einflussreiche Amt des „Heermeisters", wie das lateinische Wort *magister militum* für gewöhnlich übersetzt wird. In dieser Eigenschaft war er oberster Befehlshaber der Armeen. Da sich Stilicho auch intern viele Feinde gemacht hatte, wurde er 408 Opfer einer Intrige und in einer Kirche in Ravenna getötet.

Das hinhaltende Taktieren der römischen Instanzen unter Stilicho, die den Wunsch Alarichs nach Verhandlungen über einen Vertrag mit den Römern immer wieder torpedierten, veranlassten den Westgotenkönig im August 410 schließlich zu der Stürmung und Plünderung von Rom. Er wollte damit ein klares Zeichen setzen und seine Unzufriedenheit über die Art und Weise, wie die Römer mit seinen Westgoten umgegangen waren, zum Ausdruck bringen. Drei Tage lang wüteten die ungebetenen Besucher in der Stadt am Tiber, die als Hauptstadt zwar von Ravenna abgelöst worden war, aber immer noch einen hohen Symbolwert als einstiges Zentrum eines Weltreiches hatte. Dann zogen sie wieder ab, mit viel Beute im Gepäck und in der unfreiwilligen

Begleitung der Galla Placidia, der Schwester der regierenden Kaiser Honorius und Arcadius, die zunächst als Geisel, dann als Ehefrau eines westgotischen Herrschers und später als Regentin noch ein schillerndes Leben vor sich hatte. Alarich kam kurze Zeit später in Süditalien bei Cosenza ums Leben und bekam nach gotischer Sitte ein Grab im Fluss Busento. Später fanden die Westgoten eine neue Heimat erst in Gallien und dann in Spanien, wo sie ein eigenes Reich errichteten, das bis zur Eroberung der Iberischen Halbinsel durch die Araber im 8. Jahrhundert Bestand hatte.

Auf die Zeitgenossen hatte die Eroberung Roms durch die Westgoten eine traumatische Wirkung. Apokalyptische Visionen machten die Runde, viele sahen das Ende des Römischen Reiches (zumindest von Westrom) nahen. Ein gallischer Bischof brachte die allgemeine Stimmung

Galla Placidia wird von den Westgoten unter ihrem König Alarich aus Rom entführt (nachkolorierter Holzstich nach einer Zeichnung von Hermann Knackfuß, 1873).

Galla Placidia

Im Leben der Galla Placidia, geboren zwischen 391 und 394 als Tochter von Kaiser Theodosius I., spiegeln sich in dramatischer Weise die turbulenten Verhältnisse der Zeit wider. 410 nahmen sie die Westgoten nach dem Sturm auf Rom als Geisel mit nach Spanien, wo sie 414 mit König Athaulf verheiratet wurde. Im Rahmen einer vertraglichen Vereinbarung zwischen Römern und Goten durfte sie 416 nach Italien zurückkehren. Im Jahr darauf wurde sie abermals zum Objekt von Heiratspolitik, als ihr Bruder Honorius, der Kaiser des Westens, gegen ihren Willen entschied, dass sie die Frau des Heermeisters Constantius werden sollte. Aus dieser Ehe gingen

eine Tochter und der spätere Kaiser Valentinian III. hervor. Hofintrigen führten 423 zu ihrer Verbannung von Ravenna nach Rom. Von dort floh sie vor weiteren Nachstellungen nach Konstantinopel, kehrte aber zurück, als ihr gerade einmal sechsjähriger Sohn Valentinian zum Kaiser ernannt wurde. Für ihn übte sie in den folgenden Jahren die Regentschaft aus, wobei sie praktisch die Position einer Kaiserin bekleidete. 427 zog sie sich aus dem aufreibenden politischen Geschäft zurück. Am 27. November 450 starb sie in Rom im Alter von knapp 60 Jahren. Das „Mausoleum der Galla Placidia" in Ravenna ist nicht ihre wirkliche Grabstätte. Vermutlich wurde sie in Rom bestattet.

Im Jahr 451 zwingen die Römer zusammen mit den Franken und Westgoten in der Schlacht auf den Katalaunischen Feldern die Hunnen unter Attilla zum Rückzug aus Gallien (nachkolorierter Holzstich nach einer Zeichnung von Adolf Ehrhardt, um 1860).

mit den Worten zum Ausdruck: „Alle erwarten das Ende der Welt. Weder Gebirge noch Ströme, Mauern oder Festungen halten die barbarischen Völker mehr auf. Streit herrscht überall. Wer früher im Wagen durch herrliche Städte fuhr, zieht jetzt ermattet durch das verödete Land. Tausendfacher Tod geht um, der Friede hat die Erde verlassen."

45 Jahre später wiederholte sich die Geschichte. Diesmal waren es die Vandalen, die Rom einen unfreundlichen Besuch abstatteten. 429 waren sie unter der Führung ihres Königs Geiserich über die Straße von Gibraltar nach Nordafrika gezogen und hatten dort, auf römischem Boden und mit der alten punischen Metropole Karthago als Hauptstadt, ein Reich gegründet. Von dort aus unternahmen ihre Schiffe Kaper- und Beutefahrten im gesamten

westlichen Mittelmeerraum. Am 2. Juni 455 nahmen die Vandalen Rom ins Visier, zogen in die Ewige Stadt ein und plünderten sie 14 Tage lang, um sodann mit reicher Beute nach Nordafrika zurückzukehren.

Vier Jahre zuvor hatten die Römer einen letzten großen Sieg errungen. 451 gelang dem Heermeister Aetius auf den Katalaunischen Feldern in Gallien (in der Nähe des heutigen Troyes) ein beeindruckender militärischer Erfolg gegen die Hunnen, die unter dem Kommando des gefürchteten Attila standen. Danach zogen sich die Hunnen zurück und verschwanden aus der Geschichte. Die große Kehrtwende aber bedeutete der Triumph auf den Katalaunischen Feldern nicht, eher eine letzte Atempause. Es sollte nur noch wenige Jahre dauern, bis das definitive Ende des Weströmischen Reiches kam.

Das Ende des Weströmischen Reiches

476 n. Chr. ist ein Epochenjahr der antiken Geschichte. Mit der Absetzung des, wie sich zeigen sollte, letzten weströmischen Kaisers endete die Geschichte des Kaisertums im Westen. Es gab keinen Nachfolger mehr – stattdessen etablierten sich auf dem Boden des nun ehemaligen Römischen Reiches die germanischen Nachfolgestaaten. Im Osten dagegen führte das Reich von Byzanz die antike römische Tradition fort.

In der historischen Wissenschaft fragt man heute nicht nur nach den Ursachen, die zu diesem Ende führten, sondern auch danach, wieso sich dieses Reich überhaupt so lange halten konnte. Außerdem werden eher die Kontinuitäten als die Brüche betont, die bei diesen Vorgängen eine Rolle spielten: Man verzichtet auf spektakulär klingende Vokabeln, um das Ende des Römischen Reiches zu beschreiben, und präferiert stattdessen neutralere Begriffe wie „Transformation". Denn die Germanen übernahmen viele Einrichtungen und Institutionen auf dem Gebiet von Politik und Kultur. Gleichwohl hatte das Ende auch etwas von einem Untergang, denn jahrhundertelange Traditionen kamen zu einem finalen Abschluss.

Die Dauerhaftigkeit des Römischen Reiches, das seit dem 3. Jahrhundert fast pausenlos in Krisen steckte, ist tatsächlich erstaunlich. Das Imperium war ein Koloss, der lange wankte, aber erst spät fiel. In den Jahrhunderten der römischen Herrschaft waren Strukturen entwickelt worden, die dem Reich auch in Zeiten massiver innen- und außenpolitischer Schwierigkeiten Stabilität verliehen. Das System verkraftete auch schwache Herrscher und naturgemäß überforderte Kinderkaiser, die nicht aus Qualitätsgründen, sondern zur Sicherung von Dynastien eingesetzt wurden. Dass man sich von der Seite der politisch Verantwortlichen nicht gegen die evidenten Missstände im zivilen und militärischen Sektor stemmte, hängt mit der politischen Mentalität im Imperium zusammen. Krisenmanagement gehörte schlichtweg nicht zum Herrschaftsinstrumentarium – die Reformen Diokletians und Konstantins bildeten da die Ausnahme. Stattdessen hatten Klagen und apokalyptische Visionen Konjunktur.

Ein massives Problem, das den Niedergang des Weströmischen Reiches erklären hilft, war der Umstand, dass sich die Bevölkerung nicht mehr mit dem Staat identifizierte. Diese Abkehr von der Politik war das Ergebnis des spätantiken Zwangsstaates. Kaiser und Verwaltung wussten sich angesichts massiver wirtschaftlicher und sozialer Probleme nicht anders zu helfen als durch Bürokratisierung, Verord-

Europa und der Mittelmeerraum beim Tod Theoderichs des Großen (526 n. Chr.)

nungen und Regulierungen. So wurden die Reichen mit hohen Steuern belegt, um die maroden Staatskassen zu sanieren. Die vielen Kriege und die dadurch abnehmende Produktivität sorgten hier für chronische Ebbe. Doch die Menschen waren nicht bereit, für die Versäumnisse des Staates einzustehen. Viele versuchten, sich diesem Druck

Der letzte Kaiser: Romulus Augustulus

Es ist eine Ironie der Geschichte, dass der letzte Kaiser von Westrom die Namen zweier Gestalten trug, die für Anfang und Aufbruch standen: den von Romulus, dem (allerdings mythischen) Gründer Roms, und von Augustus, dem ersten römischen Kaiser. Über seine Persönlichkeit und sein kurzes Wirken als Kaiser ist aufgrund einer dürftigen Quellenlage so gut wie nichts bekannt. Immerhin weiß man, was aus ihm wurde, nachdem er von Odoaker abgesetzt worden war: Romulus Augustulus erhielt eine komfortable Bleibe in einer mondänen Villa am Golf von Neapel (das heutige Castel dell'Ovo) und dazu eine großzügige Pension. Da er bei seiner unfreiwilligen Abdankung noch sehr jung war und es Hinweise gibt, dass er unter der Herrschaft des Ostgotenkönigs Theoderich (493–526) noch am Leben war, darf man zu seinen Gunsten davon ausgehen, dass Romulus in seinem Exil zu Füßen des Vesuv noch viele Jahre mit seiner üppigen Apanage verbringen durfte – als eine angemessene Entschädigung für den Umstand, dass sein Name für alle Zeiten mit dem Makel „der Letzte" behaftet ist.

durch Flucht zu entziehen. Der Staat reagierte darauf mit massiver Einschränkung der Freizügigkeit. In den einzelnen Städten des Reiches wurden die lokalen Honoratioren dazu verpflichtet, mit ihrem persönlichen Vermögen für die kommunalen Finanzen zu haften. Längere Aufenthalte außerhalb der Stadt waren untersagt.

Von den Restriktionen betroffen waren auch die mittleren und unteren Schichten. Vertreter wichtiger Berufszweige wie Schiffer, Getreidehändler, Bäcker oder Ölhändler wurden, um die Versorgung in diesen Bereichen zu sichern, in Zwangskorporationen zusammengeschlossen. Diese extrem unpopuläre Maßnahme veranlasste auch hier viele Betroffene zur Flucht. Mit zeitbedingtem Pathos, in der Sache jedoch zutreffend, beschreibt eine spätantike Quelle diese Verhältnisse mit

den Worten: „Inzwischen werden die Armen verwüstet, die Witwen stöhnen, die Waisen werden erniedrigt, so sehr, dass viele von ihnen, und zwar Menschen, die keineswegs niedriger Herkunft und die hochgebildet sind, zu den Feinden fliehen, damit sie nicht unter der Demütigung der staatlichen Verfolgung bleiben müssen. Sie suchen gleichsam bei den Barbaren römische Humanität, die sie bei den Römern die barbarische Inhumanität nicht ertragen können."

Auf politischer Ebene stellten die Jahre 450 und 455 eine Zäsur dar. In Konstantinopel starb 450 Kaiser Theodosius II., der Sohn des Arcadius und Enkel des großen Theodosius, der mit seinem Testament die Teilung des Römischen Reiches überhaupt erst herbeigeführt hatte. 455 starb im Westreich Valentinian III., der Sohn der Galla Placidia und damit ebenso Enkel von Theodosius I. Das war das Ende der Theodosius-Dynastie. Ihre Nachfolger stammten aus unterschiedlichen Familien. Der Westkaiser in Ravenna und der Ostkaiser in Konstantinopel waren nun nicht mehr durch familiäre Bande geeint. Das musste, wie die Vergangenheit gezeigt hatte, nicht notwendig ein Nachteil sein, wirkte sich in den folgenden Jahren aber negativ aus, weil Westrom und Ostrom mehr und mehr getrennte Wege gingen. Insbesondere waren die Herrschenden in Konstantinopel wenig daran interessiert, dem durch permanente Bedrohungen von außen zunehmend in Bedrängnis geratenen Westkaiser beizustehen. Im Gegenteil: In der Endphase des Weströmischen Kaisertums arbeitete Ostrom aus machtpolitischen Erwägungen geradezu auf die Beseitigung der Rivalen im Westen hin.

In Ravenna residierten zwischen 455 und 476 noch acht meist schwache Kaiser, die nicht mehr als Marionetten mächtiger Heermeister waren. Als Kaisermacher und graue Eminenz kam in dieser Phase ein Mann namens Ricimer zu zweifelhaftem Ruhm. Der Sohn eines suebischen Vaters und einer gotischen Mutter bekleidete bis zu seinem Tod 472 das Amt des *magister militum* („Heermeister") und setzte in dieser Eigenschaft so, wie es gerade seinen Interessen entsprach, Kaiser ein und wieder ab. Sein Nachfolger Gundobad, ein Burgunder, war von vergleichbarem Kaliber. So setzte er im März 473 einen ihm treu ergebenen Verwaltungsbeamten namens Glycerius auf den Thron, der damit zu der Ehre kam, in die Liste der römischen Kaiser aufgenommen zu werden.

Das Mausoleum des Theoderich in Ravenna

Das Grabmal des Theoderich in Ravenna

Zu den vielen historischen Attraktionen, die Ravenna zu bieten hat, gehört auch das berühmte Mausoleum des Theoderich. Hier wurde der Ostgotenkönig, der in der deutschen Sage zu Dietrich von Bern mutierte, nach seinem Tod am 30. August 526 bestattet. Wie bei antiken Herrschern üblich, hatte Theoderich bereits zu Lebzeiten die Gestaltung seiner letzten Ruhestätte vorgegeben. Über einem massiven Unterbau wölbt sich eine imposante Kuppel von elf Metern Durchmesser. Sie wurde aus einem einzigen Felsblock hergestellt, mit einem

Gewicht von 300 Tonnen und dem illustren Herkunftsnachweis „istrischer Kalkstein". Auch wenn bei dem Mausoleum römische Kaisergräber Pate standen und ebenso byzantinische Vorbilder herangezogen wurden, handelt es sich insgesamt doch um ein Monument ganz eigener Art. Die sterblichen Überreste des Theoderich befinden sich jedoch nicht mehr an Ort und Stelle. Der Porphyrsarkophag im Innern ist nachweislich leer und beinhaltete wahrscheinlich auch nie Theoderichs Leichnam.

Der germanische Heerführer Odoaker setzt den weströmischen Kaiser Romulus Augustulus ab (nachkolorierte Radierung von C. G. Geyer nach B. Rode, 1779).

Augustus") trug, als neuen Kaiser. Nepos blieb nichts anderes übrig, als ins Exil zu gehen, für das er sich die Stadt Salona (das heutige Split) aussuchte. Dort wurde er 480 von seinem Vorgänger Glycerius ermordet, der inzwischen den Versorgungsposten des Bischofs von Salona angenommen hatte. Da Julius Nepos in dem Geflecht von Legitimität und Scheinlegitimität doch etwas mehr Ansprüche auf die Würde des Kaisers hatte als Romulus, datiert man in Darstellungen der spätantiken Geschichte das Ende des Weströmischen Reiches auch gelegentlich auf das Todesjahr des Nepos.

Romulus Augustulus und sein Vater Orestes konnten sich nicht lange darüber freuen, dass sie das Kaisertum in ihre Familie geholt hatten. Um die Herrschaft des Sohnes abzusichern, der gerade mal 14 oder 15 Jahre alt war, hatte Orestes sich mit einem germanischen Heerführer namens Odoaker verbündet. Dessen Forderung, für seine Hilfe Grund und Boden in Italien zu erhalten, lehnte Orestes ab. Diese Reaktion war wohl begründet: Er hätte in diesem Fall die großgrundbesitzenden Eliten in Italien enteignen müssen, auf deren Unterstützung er ebenfalls angewiesen war.

Odoaker ließ sich daraufhin, am 23. August 476, von seinen Germanen zum *rex* ausrufen, also zum König. Sich *Imperator* oder gar *Augustus* zu nennen, vermied er wohlweislich – war ihm doch bewusst, dass ihn ein solches Anknüpfen an das römische Kaisertum in Konflikt mit Ostrom bringen würde. Am 28. August besiegte in der Nähe von Piacenza die Armee Odoakers die Truppen des Orestes. Damit war auch das Schicksal des Romulus Augustulus besiegelt. Am 4. September erschien Odoaker in Ravenna und erklärte den Kaiser für abgesetzt. Eine über 500-jährige Tradition des römischen Kaisertums, die einst mit Augustus begonnen hatte, war damit abgeschlossen.

Den Zeitgenossen erschienen diese Vorgänge nicht so dramatisch, wie sie im Rückblick wirken. Die Ablösung von Kaisern und die Einmischung der Germanen in die Besetzung von Führungsstellen waren inzwischen Normalität geworden. Erst allmählich zeigte sich, dass die Situation diesmal anders war. Odoaker ließ sich seinen Königstitel vom aktuellen oströmischen Kaiser

Der oströmische Kaiser Leon I. erkannte diese Wahl nicht an und bewies damit, dass Konstantinopel angesichts der Dauerschwäche des westlichen Kaisertums entschlossen war, bei der Besetzung des obersten Postens im Reich mehr als nur ein Wort mitzureden. Leon präsentierte seinen entfernten Verwandten Julius Nepos als seinen Kandidaten für den Kaiserposten in Ravenna. Dieser ernannte einen aus Pannonien stammenden Römer namens Orestes zu seinem Heermeister – eine, wie sich zeigen sollte, fatale Entscheidung, denn der unbotmäßige Heermeister setzte Julius Nepos ab und installierte am 31. Oktober 475 seinen unmündigen Sohn Romulus, der den Beinamen *Augustulus* ("kleiner

Zenon bestätigen. Gleichwohl war aus der Sicht Konstantinopels Odoaker ein zu unsicherer Kantonist, als dass man langfristig auf ihn setzen wollte. Da war es eine günstige Fügung, dass Zenon auf der Suche nach einem geeigneten Betätigungsfeld für Theoderich war. Der Anführer der Ostgoten hatte mit dem Kaiser einen Vertrag über die Ansiedlung seines Volkes an der unteren Donau ausgehandelt. Jedoch war es immer wieder zu Schwierigkeiten und Konflikten gekommen. So konnte Zenon mit der Entsendung Theoderichs und seiner Goten nach Italien gleich zwei Ziele auf einmal realisieren: die Beseitigung Odoakers und die Entfernung der Ostgoten aus einer Problemzone vor der Haustür von Konstantinopel.

488 erschien Theoderich mit den Ostgoten vor den Toren Ravennas, ausgerüstet mit dem Auftrag des oströmischen Kaisers, Odoaker zu stürzen. Nach langer Belagerung fiel Ravenna 493 in die Hände Theoderichs. Odoaker wurde von Theoderich eigenhändig bei einem Gastmahl getötet, zu dem er ihn mit perfiden Hintergedanken persönlich eingeladen hatte. Theoderich war machtbewusst genug, um sich danach nicht mit der von Konstantinopel vorgesehenen Rolle eines Statthalters in oströmischen Diensten zu begnügen. Vielmehr wurde Ravenna unter seiner Herrschaft zur Hauptstadt eines Ostgotenreiches, das sich infolge von Kriegen und durch kluge Diplomatie weit über die Grenzen Italiens hinaus erstreckte.

Der Bischof von Ravenna übergibt die Stadt dem Ostgotenkönig Theoderich (nachkolorierter Holzstich nach einer Zeichnung von Anton Dietrich).

Byzanz und das Erbe der Antike

Wann endete die Antike? Kaum ein Historiker lässt sich heute mehr dazu verleiten, diese Frage mit der Nennung einer konkreten Jahreszahl zu beantworten. Dazu sind die Übergänge von der Antike zur nachfolgenden Epoche des Mittelalters zu komplex, nicht an einzelnen Ereignissen festzumachen und zudem nicht überall zur gleichen Zeit anzusetzen.

Im Westen des Römischen Reiches vollzog sich nach dem Ende des Kaisertums der allmähliche Übergang zur germanisch geprägten mittelalterlichen Staatenwelt. Nachdem überall auf dem Boden des ehemaligen Römischen Reiches monarchisch regierte Territorialstaaten entstanden waren, setzten sich schließlich die Franken als neue Führungsmacht durch. Dies geschah erst unter der Dynastie der Merowinger und dann unter den Karolingern, deren bedeutendster Vertreter Karl der Große mit seiner Krönung zum Kaiser am ersten Weihnachtstag im Jahre 800 im Petersdom von Rom zumindest ideell an das alte römische Kaisertum anknüpfte.

Im Osten dauerte die Antike länger. Sie hielt sich dort sogar fast über das gesamte Mittelalter hinweg und hätte beinahe noch die Neuzeit erreicht – nach den westeuropäischen Kriterien. Nach östlicher Sicht gab es dort gar kein Mittelalter, sondern nur die Antike. Der Grund: Während das Weströmische Kaisertum am Ende des 5. Jahrhunderts aufhörte zu existieren, gab es in Ostrom noch fast 1000 Jahre danach Kaiser, die sich unmittelbar und zu Recht darauf beriefen, die Linie der antiken römischen Kaiser fortzuführen. Der Name „Ostrom" macht allerdings nur für jene historische Epoche Sinn, als es auch ein „Westrom" gab – also zwischen 395 (dem Datum der Reichsteilung nach dem Tod des Theodosius) und 476 (Absetzung des Romulus Augustulus) bzw. 480 (Ermordung des Julius Nepos). Deswegen spricht man in der Geschichtswissenschaft von Ostrom nach dem Ende

Westroms als „Byzanz", in Anknüpfung an den Namen der alten griechischen Stadt, die Konstantin der Große im 4. Jahrhundert zu seiner Residenzstadt ausbaute.

Nach offizieller Lesart sah sich Byzanz bis zu seinem Untergang als alleiniger und legitimer Inhaber der universalen Herrschaft über das Römische Reich. Insofern erkannte der Kaiser in Konstantinopel zu keinem Zeitpunkt die neuen staatlichen und territorialen Verhältnisse auf dem Boden des ehemaligen Weströmischen Reiches an. Kaiser Justinian, der zwischen 527 und 565 regierte, entwickelte aus diesem Besitzanspruch den konkreten

Byzanz unter Justinian I.

Ausdehnung des Oströmischen Reiches 527 (Byzanz)
Eroberungen Justinians I.

Chasaren

Bajuwaren

Langobarden

Donau

Awaren

Bulgaren

Gepiden

Krimgoten

Osseten

Aquileia

LAZISTAN

Ravenna

Schwarzes Meer

Trapezunt

Rom

Sinope

Adrianopel

Konstantinopel

OSTRÖMISCHES REICH

Tigris

Thessalonike

Nikaia

Pergamon

Euphrat

Smyrna

Ikonion

Athen

Ephesos

Sparta

Antiocheia

Sizilien

Zypern

Kreta

MITTELMEER

Jerusalem

TRIPOLITANIEN

Kyrene

LIBYEN

Alexandreia

Memphis

0 100 200 300 km

ÄGYPTEN

Rotes Meer

Nil

Diospolis

Der byzantische Kaiser Justinian mit seinem Rat (Illustration, Reproduktion, Original aus dem 19. Jahrhundert)

Bis zum Schluss aber hielten die Kaiser an der Ideologie „Byzanz ist der Erbe des antiken Rom" fest. Ihren Ursprung hatte sie bei Konstantin dem Großen, der seiner Gründung Konstantinopel den programmatischen Beinamen „Neues Rom" gegeben hatte. Und sie hatte auch dann noch Bestand, als sich das byzantinische Kaisertum bereits unter Kaiser Herakleios am Anfang des 7. Jahrhunderts zu einer weniger lateinisch als vielmehr griechisch geprägten Monarchie wandelte. Der Kaiser hieß nun nicht mehr „Imperator", sondern „Basileus". Gleichzeitig setzte sich das Griechische gegen das Lateinische als Amtssprache durch. Doch das bedeutete nicht, dass man den lateinischen Westen aus dem Auge verloren hätte. Im Gegenteil: Dass man in Byzanz nach wie vor nicht bereit war, im Westen einen Kaiser zu akzeptieren, bekam auch Karl der Große zu spüren. Seine Kaiserkrönung 800 wurde von Byzanz als ein Akt der Usurpation gewertet und musste durch Gebietsabtretungen kompensiert werden.

Plan, das alte Römische Reich wiederherzustellen, mit dem Kaiser von Byzanz als dem christlichen Universalherrscher an der Spitze. Tatsächlich gelang seinen Feldherrn Belisar und Narses die Rückeroberung Nordafrikas, das von den Vandalen beherrscht wurde. In Italien gestaltete sich das Unternehmen jedoch schwieriger. Die Ostgoten, denen der inzwischen verstorbene König Theoderich zu einer außerordentlichen Machtstellung verholfen hatte, leisteten lange Widerstand, bevor sie 555 kapitulieren mussten. Doch bereits 568, drei Jahre nach dem Tod Justinians, gingen große Teile Italiens wieder verloren, diesmal an das germanische Volk der Langobarden. Byzantinische Filialen, Exarchate genannt, existierten jedoch weiter. Erst 1071 fiel mit Bari die letzte Bastion in Italien.

In den Jahrzehnten und Jahrhunderten nach Justinian musste Byzanz überall erhebliche territoriale Einbußen hinnehmen. Durch die große arabische Expansion gingen ab dem 7. Jahrhundert große Teile des Vorderen Orients und Nordafrikas verloren. Auf dem Balkan begann wenig später die slawische Landnahme, die den Bestand des byzantinischen Reiches weiter reduzierte. Ab dem 11. Jahrhundert kamen die Turkvölker, erst die Seldschuken, später die Osmanen, deren Sultan Mehmed II. es 1453 gelang, Konstantinopel zu erobern und damit dem schon länger schwächelnden Reich von Byzanz ein definitives Ende zu bereiten.

Nicht nur in politischer Hinsicht war Byzanz der Sachwalter des antiken Erbes. Man pflegte auch nach Kräften die antike Literatur und die antiken Wissenschaften. Neben den Arabern leistete Byzanz am meisten für die

Kaiserin Theodora I., Gemahlin und kluge Beraterin von Justinian (Mosaik, 6. Jahrhundert)

Im Jahr 1453 gelingt es dem osmanischen Sultan Mehmed II., Konstantinopel zu erobern. Er ernennt die Stadt zur Hauptstadt des Osmanischen Reiches (nachkolorierter Kupferstich von Matthäus Merian d. Ä., 1630).

Tradierung antiker Texte. Justinian erwarb sich mit seinem *Codex Iustinianus*, einer Sammlung antiker juristischer Texte, große Verdienste um die Rechtsgeschichte.

So wie Byzanz sich nach dem Ende des Weströmischen Reiches um die Erbschaft beworben hatte, fand es seinerseits nach dem Fall 1453 einen ideellen Nachfolger in Gestalt des russischen Reiches. Nicht umsonst verliehen die Fürsten und Zaren (ein Herrschertitel, der vom römischen *Caesar* abgeleitet ist) ihrer Hauptstadt Moskau das Attribut „Drittes Rom" – selbstverständlich in der festen Erwartung und mit dem selbstbewussten Anspruch, dass es ein „Viertes Rom" nicht geben würde. Betrachtet man die nicht wenigen imperialistischen Phasen in der Geschichte Russlands, entsteht der Eindruck, die Zaren seien gelehrige Schüler ihrer römischen und byzantinischen Vorbilder gewesen.

Justinian und Theodora

Heute würde man sie als Traumpaar bezeichnen: Der oströmische Kaiser Justinian und seine Kaiserin Theodora bildeten privat und beruflich ein perfektes Team. Theodora, 497 geboren und damit 15 Jahre jünger als Justinian, stammte als Tochter eines im Hippodrom von Konstantinopel tätigen Tierwärters und als Schauspielerin aus einem Milieu, das eigentlich nicht als standesgemäß galt. Doch Justinian heiratete sie gegen alle Widerstände und gewann dadurch eine Partnerin, die mit ihrem politischen und diplomatischen Geschick den häufig zögerlichen Kaiser aus mancher Schwierigkeit befreite. Berühmt ist ihre Rolle während des Nika-Aufstandes 532, so benannt nach dem Schlachtruf der Wagenlenker-Anhänger im Hippodrom („Siege!"). Ganz Konstantinopel wurde von den Unruhen erfasst – Justinian wollte fliehen, doch Theodora überredete ihn zum Bleiben. Sie starb bereits 548, 17 Jahre vor Justinian, der damit lange ohne seine wichtigste Beraterin auskommen musste.

2000–501 v. Chr.

- **2000 v. Chr.:** Anfänge der minoischen Kultur auf Kreta
- **1450 v. Chr.:** Zerstörung der Paläste auf Kreta
- **1400–1200 v. Chr.:** Blütezeit der Mykener
- **Um 1150 v. Chr.:** Beutezüge der Mykener im östlichen Mittelmeer („Trojanischer Krieg")
- **1000 v. Chr.:** Handelsexpeditionen der Phönizier im gesamten Mittelmeerraum
- **814 v. Chr.:** Phönizier aus Tyros gründen in Nordafrika Karthago
- **Um 800 v. Chr.:** Die Griechen übernehmen die phönizische Buchstabenschrift
- **753 v. Chr.:** Traditionelles Gründungsdatum der Stadt Rom (21. April)
- **750 v. Chr.:** Beginn der Großen Griechischen Kolonisation
- **700 v. Chr.:** Die Etrusker werden Vormacht in Italien
- **621 v. Chr.:** Gesetzgebung des Drakon in Athen
- **509 v. Chr.:** Ende der Königsherrschaft in Rom und Beginn der Republik
- **508 v. Chr.:** Vollendung der Demokratie durch Kleisthenes. Einführung des Scherbengerichts (Ostrakismos)

500–281 v. Chr.

- **500 v. Chr.:** Ionischer Aufstand und Beginn der Perserkriege
- **494 v. Chr.:** Beginn der Ständekämpfe in Rom: Patrizier gegen Plebejer
- **490 v. Chr.:** Schlacht von Marathon
- **480 v. Chr.:** Seeschlacht bei Salamis
- **479 v. Chr.:** Schlacht von Plataiai besiegelt die Niederlage der Perser
- **478 v. Chr.:** Gründung des Ersten Attischen Seebundes unter Führung Athens
- **431–404 v. Chr.:** Peloponnesischer Krieg zwischen Athen und Sparta
- **400–394 v. Chr.:** Krieg zwischen Sparta und Persien in Kleinasien
- **387 v. Chr.:** Kelten plündern Rom
- **340–338 v. Chr.:** Rom wird nach den Kriegen gegen die Latiner Vormacht in Latium
- **328–304 v. Chr.:** Rom besiegt die Samniten
- **359–336 v. Chr.:** Philipp II. ist König von Makedonien
- **334–324 v. Chr.:** Alexander der Große erobert Asien bis zum Indus
- **323 v. Chr.:** Tod Alexanders in Babylon
- **323–281 v. Chr.:** Diadochenkriege um die Nachfolge Alexanders
- **281 v. Chr.:** Ausbildung der hellenistischen Staatenwelt mit drei Großreichen

280–64 v. Chr.

- **280–275 v. Chr.:** Kriege Roms gegen Pyrrhus („Pyrrhus-Siege")
- **264–241 v. Chr.:** Erster Punischer Krieg: Sieg Roms gegen Karthago
- **218–201 v. Chr.:** Zweiter Punischer Krieg: Rom gegen Hannibal
- **216 v. Chr.:** Hannibal besiegt die Römer in der Schlacht von Cannae
- **200–197 v. Chr.:** Rom besiegt den makedonischen König Philipp V.
- **188 v. Chr.:** Rom besiegt die Seleukiden in der Schlacht von Apameia
- **168 v. Chr.:** Schlacht von Pydna: Griechenland wird römische Provinz
- **146 v. Chr.:** Ende des Dritten Punischen Krieges und Zerstörung von Karthago durch die Römer
- **133 v. Chr.:** Attalos III. von Pergamon vermacht den Römern sein Reich per Testament
- **133 v. Chr.:** Tiberius Gracchus Volkstribun: Beginn der Krise der späten Republik in Rom
- **113 v. Chr.:** Beginn der Züge von Kimbern und Teutonen
- **88–64 v. Chr.:** Kriege Roms gegen König Mithradates VI. von Pontos
- **73–71 v. Chr.:** Spartacus-Aufstand in Italien

63–17 v. Chr.

- **63 v. Chr.:** Syrien wird römische Provinz
- **60 v. Chr.:** Erstes Triumvirat: Caesar, Pompeius, Crassus
- **58–51 v. Chr.:** Caesar erobert Gallien
- **49 v. Chr.:** Caesar überschreitet den Rubikon: Beginn des Bürgerkrieges in Rom
- **48 v. Chr.:** Caesar besiegt Pompeius in der Schlacht von Pharsalos
- **48/47 v. Chr.:** Caesar in Ägypten. Liaison mit Königin Kleopatra
- **46 v. Chr.:** Caesar wird Alleinherrscher in Rom
- **44 v. Chr.:** Attentat auf Caesar an den Iden des März (15. März)
- **44–30 v. Chr.:** Erneute Bürgerkriege in Rom (Octavian gegen Marcus Antonius)
- **31 v. Chr.:** Schlacht bei Actium: Sieg Octavians über Kleopatra und Marcus Antonius
- **30 v. Chr.:** Selbstmord Kleopatras. Ägypten wird Teil des römischen Reiches
- **27 v. Chr.:** Beginn der römischen Kaiserzeit (Prinzipat). Augustus wird erster römischer Kaiser

16 v. Chr.–95 n. Chr.

- **16 v. Chr.:** Unterwerfung der Alpenvölker
- **9 n. Chr.:** Niederlage der Römer gegen die Germanen in der „Schlacht im Teutoburger Wald"
- **14:** Tod des Augustus (19. August). Nachfolger wird sein Stiefsohn Tiberius
- **14–16:** Feldzüge des Germanicus in Germanien
- **37–41:** Herrschaft des Kaisers Caligula
- **41–54:** Herrschaft des Kaisers Claudius
- **43:** Britannien wird römische Provinz
- **54–68:** Herrschaft des Kaisers Nero
- **64:** Brand von Rom und erste Christenverfolgungen
- **66–70:** Der Aufstand der Juden („Jüdischer Krieg") endet mit der Zerstörung Jerusalems durch die Römer
- **68/69:** Vierkaiserjahr: Galba, Otho, Vitellius, Vespasian
- **69–96:** Kaiserdynastie der Flavier (Vespasian, Titus, Domitian)
- **79:** Ausbruch des Vesuv (24. August). Zerstörung von Pompeji und Herculaneum

96–211 n. Chr.

- **96–192:** Zeit der Adoptivkaiser
- **98–117:** Herrschaft des Kaisers Trajan
- **101–116:** Kriege gegen die Daker und im Orient, Einrichtung der Provinzen Dacia Arabia, Mesopotamia und Assyria
- **117–138:** Herrschaft des Kaisers Hadrian. Aufgabe der Eroberungen im Orient
- **122:** Errichtung des Hadrianswalls in Britannien
- **132–135:** Jüdischer Aufstand unter Simon Bar Kochba. Sieg der Römer und Umwandlung Jerusalems in die römische Kolonie Aelia Capitolina
- **138–161:** Herrschaft des Kaisers Antoninus Pius
- **161–180:** Herrschaft des Kaisers Marcus Aurelius (Mark Aurel)
- **166–180:** Krieg gegen Markomannen und Quaden an der unteren Donau
- **180–192:** Herrschaft des Kaisers Commodus
- **193:** Fünfkaiserjahr: P. Helvius Pertinax, M. Didius Iulianus, Pescennius Niger, Septimius Severus, Clodius Albinus regieren kurz nacheinander
- **193–211:** Septimius Severus begründet die afrikanisch-syrische Dynastie der Severer
- **211–212:** Doppelherrschaft der Söhne des Septimius Severus (Caracalla und Geta)

212–252 n. Chr.

- **212:** Caracalla lässt Geta ermorden (19. Februar).
- **211–217:** Alleinherrschaft des Kaisers Caracalla
- **212:** Römisches Bürgerrecht für alle Reichsbewohner (Constitutio Antoniniana)
- **218–222:** Herrschaft des Kaisers Elagabal
- **222–235:** Kaiser Severus Alexander regiert als letzter Vertreter der Severer-Dynastie
- **224:** Sieg der persischen Sassaniden über den letzten Partherkönig. Die Perser werden zu Konkurrenten der Römer im Orient.
- **235–284:** Zeit der Soldatenkaiser
- **235–238:** Maximinus Thrax regiert als erster Soldatenkaiser
- **238:** Maximinus Thrax wird in Aquileia von seinen Soldaten ermordet.
- **244–249:** Unter Philippus Arabs feiert die Stadt Rom ihr 1000-jähriges Bestehen.
- **249–251:** Erste reichsweite, systematische Christenverfolgungen unter Kaiser Decius

253–304 n. Chr.

- **253–260:** Herrschaft des Kaisers Valerian (zusammen mit seinem Sohn Gallienus)
- **257–260:** Christenverfolgungen unter Valerian
- **259:** Einfälle der Franken in Gallien und Hispanien. Gallien spaltet sich unter Postumus vom Reich ab („Gallisches Sonderreich").
- **260:** Kaiser Valerian wird von den Persern gefangen genommen, Tod in Persien
- **260:** Franken und Alemannen stürmen den Limes.
- **260–268:** Alleinherrschaft des Kaisers Gallienus
- **268–270:** Herrschaft des Kaisers Claudius II. Gothicus
- **270–275:** Herrschaft des Kaisers Aurelian
- **270:** Die Oasenstadt Palmyra fällt unter Königin Zenobia vom Reich ab. In Rom beginnt der Bau der Aurelianischen Mauer.
- **274:** Ende des Gallischen Sonderreiches
- **284–305:** Herrschaft des Kaisers Diokletian. Einrichtung des Systems der Tetrarchie (Viererherrschaft). Aus dem Prinzipat wird das spätantike Dominat.
- **301:** Höchstpreisedikt Diokletians gegen die zunehmende Verteuerung von Waren und Dienstleistungen
- **303:** Letzte große Christenverfolgung

305–352 n. Chr.

- **305:** Diokletian tritt von seinem Amt zurück. Beginn der zweiten Tetrarchie
- **306:** Konstantin der Große lässt sich nach dem Tod seines Vaters von seinen Soldaten zum Kaiser proklamieren.
- **311:** Toleranzedikt des Galerius zugunsten der Christen
- **312:** Konstantin besiegt seinen Rivalen Maxentius in der Schlacht an der Milvischen Brücke (28. Oktober). Kreuzesvision und Beginn der Förderung des Christentums
- **324:** Konstantin besiegt seinen letzten Konkurrenten Licinius und wird Alleinherrscher.
- **325:** Erstes Ökumenisches Konzil der Christen in Nikaia (Nicäa)
- **330:** Einweihung der neuen Hauptstadt Konstantinopel (11. Mai)
- **337:** Tod Konstantins (22. Mai)
- **337–340:** Dreikaiserherrschaft der Konstantinsöhne: Constantinus (Konstantin II.; Westen), Constantius II. (Osten), Constans (Mitte)
- **341–348:** Übertritt der Westgoten zum arianischen Christentum, Bibelübersetzung ins Gotische durch den Bischof Wulfila

353–405 n. Chr.

- **353:** Alleinherrschaft des Kaisers Constantius II.
- **360:** Julian Apostata wird vom Heer zum Kaiser ausgerufen. Restauration des alten heidnischen Glaubens
- **363:** Kaiser Julian fällt gegen die Perser in Ktesiphon.
- **364:** Doppelherrschaft der Kaiser Valentinian I. (Westen) und Valens (Osten)
- **375:** Der Vorstoß der Hunnen löst die große germanische Völkerwanderung aus.
- **378:** Schlacht von Adrianopel (9. August): Sieg der Goten über die Römer und Tod des Kaisers Valens
- **379:** Theodosius I. wird Kaiser des Ostens.
- **381:** Konzil von Konstantinopel
- **383–392:** Herrschaft des Kaisers Valentinian II. im Westen. Die Macht liegt in den Händen germanischer Heeresmeister (Bauto, Arbogast).
- **394:** Sieg Theodosius I. über Eugenius und Arbogast: Alleinherrschaft
- **395:** Tod Theodosius I. (17. Januar). Testamentarische Reichsteilung unter seinen Söhnen Honorius (Westen) und Arcadius (Osten)

406–456 n. Chr.

- **406:** Sueben, Alanen und Vandalen überschreiten den Rhein
- **406–407:** Ansiedlung der Burgunder am Niederrhein (Kern des „Nibelungenliedes")
- **408:** Sturz und Tod des Heermeisters Stilicho
- **410:** Rom wird von den Westgoten unter Alarich erobert. Die Kaiserschwester Galla Placidia wird mit Athaulf, dem Nachfolger Alarichs, verheiratet.
- **420:** Unter Attila entsteht das Großreich der Hunnen.
- **424–455:** Herrschaft des Kaisers Valentinian III. (Sohn Galla Placidias und des Constantius) im Westen
- **429:** Zug der Vandalen nach Nordafrika, Vandalenkriege
- **439:** Eroberung Karthagos durch Vandalen
- **451:** Schlacht auf den Katalaunischen Feldern mit strategischem Sieg des römischen Heermeisters Aetius über den Hunnenkönig Attila
- **455:** Kaiser Valentinian III. wird ermordet. Eroberung und Plünderung Roms durch die Vandalen unter König Geiserich

457–1453 n. Chr.

- **457–474:** Herrschaft des Kaisers Leon I. im Osten
- **474–491:** Herrschaft des Kaisers Zenon im Osten
- **475:** Romulus Augustulus residiert in Ravenna als weströmischer Kaiser.
- **476:** Absetzung des Romulus Augustulus durch Odoaker. Ende des weströmischen Reiches. Anerkennung Odoakers durch Zenon
- **493:** Theoderich gründet in Italien das Reich der Ostgoten.
- **526:** Tod Theoderichs in Ravenna
- **527–565:** Herrschaft des Kaisers Justinian im Osten. Versuch der Wiederherstellung des alten Römerreiches
- **1453:** Mit der Eroberung von Konstantinopel durch die Türken endet die Geschichte des Byzantinischen Reiches.

Allgemein

Lexika
Der Neue Pauly. Enzyklopädie der Antike, Bd. 1–12/2, hg. v.
Hubert Cancik u. Helmuth Schneider, Stuttgart 1996–2002.
Metzler-Lexikon Antike, hg. von Kai Brodersen/Bernhard
Zimmermann, Stuttgart 2006.
Paulys Realencyclopädie der classischen Altertumswissenschaft,
hg. von Georg Wissowa, Stuttgart 1893–1980.
Mensch und Landschaft in der Antike. Lexikon der Historischen
Geographie, hg. v. Holger Sonnabend, Stuttgart 1999.

Einführungen
Manfred Clauss, Einführung in die Alte Geschichte,
München 1993.
Werner Dahlheim, Die Antike. Griechenland und Rom von den
Anfängen bis zur Expansion des Islam, Paderborn u. a. 1994.
Hans-Joachim Gehrke/Helmuth Schneider (Hg.), Geschichte der
Antike. Ein Studienbuch, Stuttgart 2010.
Rosmarie Günther, Einführung in das Studium der Alten
Geschichte, Paderborn 2001.
Hartmut Leppin, Einführung in die Alte Geschichte,
München 2005.
Christian Mann, Antike. Einführung in die
Altertumswissenschaften, Berlin 2008.
Eckart Olshausen, Einführung in die historische Geographie der
alten Welt, Darmstadt 1991.
Eckhard Wirbelauer, Antike (Oldenbourg Geschichte Lehrbuch),
München 2007.

Schauplatz Mittelmeer

Die Seeherrschaft der Minoer
Angelos Chaniotis, Das antike Kreta, München 2004.
Paul Faure, Kreta. Das Leben im Reich des Minos, Stuttgart 1983.

Der Trojanische Krieg
Joachim Latacz, Troia und Homer, München/Berlin 2001.
Barry Strauss, Der Trojanische Krieg. Mythos und Wahrheit,
Stuttgart 2008.
Michael Wood, In Search of the Trojan War, Berkeley 1996.

Das Handelsimperium der Phönizier
Glenn E. Markoe, Die Phönizier, Stuttgart 2003.
Bärbel Morstadt, Die Phönizier: Geschichte einer rätselhaften
Kultur, Darmstadt 2015.
Michael Sommer, Die Phönizier. Geschichte und Kultur,
München 2008.

Die Große Griechische Kolonisation
John Boardman, Kolonien und Handel der Griechen vom späten
9. bis zum 6. Jahrhundert v. Chr., München 1981.
Raimund Schulz, Die Antike und das Meer, Darmstadt 2005.
Karl-Wilhelm Welwei, Die griechische Frühzeit, München 2002.

Die Etrusker
Luciana Aigner-Foresti, L., Die Etrusker und das frühe Rom,
Darmstadt 2009.
Friederike Bubenheimer-Erhart, Die Etrusker, Darmstadt 2014.
Giovannangelo Camporeale, Die Etrusker. Geschichte und Kultur,
Düsseldorf/Zürich 2003.

Kriege und Imperien

Griechen und Perser
Josef Fischer, Die Perserkriege, Darmstadt 2013.
Josef Wiesehöfer, Das antike Persien, Zürich 1993.
Wolfgang Will, Die Perserkriege, München 2010.

Athen und Sparta
Bruno Bleckmann, Der Peloponnesische Krieg, München 2007.
Martin Dreher, Athen und Sparta, München 2001.
Raimund Schulz, Athen und Sparta, Darmstadt 2011.
Karl-Wilhelm Welwei, Sparta. Aufstieg und Niedergang einer
antiken Großmacht, Stuttgart 2013.

Alexander der Große
Alexander Demandt, Alexander der Große. Leben und Legende,
München 2009.
Robin Lane Fox, Alexander der Große, Stuttgart 2005.

Die hellenistischen Königreiche
Kay Ehling/Gregor Weber (Hg.), Hellenistische Königreiche,
Darmstadt 2014.
Hans-Joachim Gehrke, Geschichte des Hellenismus,
München 2008.
Heinz Heinen, Geschichte des Hellenismus.
Von Alexander bis Kleopatra, München 2013.

Rom und Karthago
Nigel Bagnall, Rom und Karthago. Der Kampf ums Mittelmeer,
Berlin 1995.
Pedro Barceló, Hannibal. Stratege und Staatsmann, Stuttgart 2004.
Klaus Zimmermann, Rom und Karthago, Darmstadt 2005.

Das Römische Reich
Klaus Bringmann, Geschichte der römischen Republik
von den Anfängen bis Augustus, München 2002.
Karl Christ, Geschichte der Römischen Kaiserzeit.
Von Augustus bis zu Konstantin, München 2009.
Ada Gabucci, Rom und sein Imperium, Stuttgart 2005.
Wolfgang Schuller (Hg.), Das Römische Weltreich, Stuttgart 2003.
Michael Sommer, Römische Geschichte Bd. 2: Rom und sein
Imperium in der Kaiserzeit, Stuttgart 2009.

Politik und Gesellschaft

Monarchie – Demokratie - Aristokratie
Pedro Barceló, Basileia, Monarchia, Tyrannis. Untersuchungen zur Entwicklung und Beurteilung von Alleinherrschaft im vorhellenistischen Griechenland, Stuttgart 1993.
Jochen Bleicken, Die athenische Demokratie, Paderborn 1986.
Alexander Demandt, Antike Staatsformen.
Eine vergleichende Verfassungsgeschichte der Alten Welt, Berlin 1995.
Hans Kloft, Ideologie und Herrschaft in der Antike, Darmstadt 1979.
Wolfgang Schuller, Politische Theorie und Praxis im Altertum, Darmstadt 1998.

Freie und Sklaven
Moses I. Finley, Die Sklaverei in der Antike, Frankfurt/M. 1987.
Fritz Gschnitzer, Griechische Sozialgeschichte, Wiesbaden 1981.
Leonhard Schumacher, Sklaverei in der Antike, München 2001.

Leben in der Stadt und auf dem Land
Frank Kolb, Die Stadt im Altertum, München 1984.
Karl-Wilhelm Weeber, Alltag im Alten Rom.
Das Landleben, Düsseldorf/Zürich 2000.

Handel und Wirtschaft
Hans-Joachim Drexhage/Heinrich Konen/Kai Ruffing, Die Wirtschaft des Römischen Reiches (1.–3. Jahrhundert).
Eine Einführung, Berlin 2002.
Moses I. Finley, Die antike Wirtschaft, München 1977.
Hans Kloft, Die Wirtschaft des Imperium Romanum, Mainz 2006.

Kultur und Wissenschaften

Religionen und Kulte
Hans Kloft, Mysterienkulte der Antike. Götter, Menschen, Rituale, München 1999.
Bernhard Linke, Antike Religion, München 2013.
Veit Rosenberger, Religion in der Antike, Darmstadt 2012.
Holger Sonnabend, Götterwelten. Die Religionen der Antike, Darmstadt 2014.

Literatur und Philosophie
Julia Annas, Kurze Einführung in die antike Philosophie, Göttingen 2009.
Elaine Fantham, Literarisches Leben im antiken Rom, Stuttgart 1998.
Dieter Flach, Römische Geschichtsschreibung, Stuttgart 1998.
Wolfgang Schadewaldt, Die griechische Tragödie, Frankfurt/M. 1991.

Medizin
Antje Krug, Heilkunst und Heilkult. Medizin in der Antike, München 1993.
Karl-Heinz Leven, Antike Medizin. Ein Lexikon, München 2005.

Technik
Brigitte Cech, Technik in der Antike, Stuttgart 2012.
Klaus Grewe, Meisterwerke antiker Technik, Mainz 2010.
Helmuth Schneider, Geschichte der antiken Technik, München 2012.

Die sieben Weltwunder
Kai Brodersen, Die Sieben Weltwunder, München 2006.
Holger Sonnabend, Die Sieben Weltwunder, Darmstadt 2010.

Krise und Untergang

Die Zeit der Soldatenkaiser
Géza Alföldy, Die Krise des Römischen Reiches, Stuttgart 1989.
Wolfgang Kuhoff, Diokletian und die Epoche der Tetrarchie, Frankfurt/Main 2001.
Michael Sommer, Die Soldatenkaiser, Darmstadt 2004.

Konstantin der Große
Hartwin Brandt, Konstantin der Große, München 2006.
Klaus M. Girardet, Der Kaiser und sein Gott, Berlin/New York 2010.
Klaus Rosen, Konstantin der Große, Stuttgart 2013.

Die Teilung des Römischen Reiches
Henning Börm, Westrom. Von Honorius bis Justinian, Stuttgart 2013.
Alexander Demandt, Geschichte der Spätantike, München 1998.
Hartmut Leppin, Theodosius der Große, Darmstadt 2003.

Die große Völkerwanderung
Wolfgang Giese, Die Goten, Stuttgart 2004.
Michael Kulikowski, Die Goten vor Rom, Darmstadt 2009.
Jochen Martin, Spätantike und Völkerwanderung, München 2001.
Walter Pohl, Die Völkerwanderung, Stuttgart u. a. 2005.

Das Ende des Weströmischen Reiches
Karl Christ (Hg.), Der Untergang des Römischen Reiches, Darmstadt 1970.
Peter J. Heather, Der Untergang des Römischen Weltreichs, Stuttgart 2007.

Byzanz und das Erbe der Antike
John Haldon, Das Byzantinische Reich, Düsseldorf 2002.
Hartmut Leppin, Justinian. Das christliche Experiment, Stuttgart 2011.
Ralph-Johannes Lilie, Byzanz – Das zweite Rom, Berlin 2003.

Prof. Dr. Holger Sonnabend lehrt Alte Geschichte an der Universität Stuttgart. Er ist Autor zahlreicher Bücher über die Geschichte der Antike.

Der Palm Verlag ist ein Imprint des Elsengold Verlages, Berlin.

Lizenzausgabe für
Elsengold Verlag GmbH, Berlin
2. Auflage 2017

© Palmedia Publishing Services GmbH, Berlin 2016

Gestaltung und Satz: Felgner & Zierke, Berlin
Karten: Peter Palm, Berlin
Alle Abbildungen: © AKG-Images GmbH, Berlin

Printed in Slovenia

ISBN 978-3-944594-40-8

Besuchen Sie uns im Internet: www.palmverlag.de